读·品·悟快乐阅读系列

◎丛书主编：向启新

风光卷

对着一朵花微笑

◎本书主编：田　林

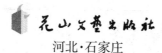

花山文艺出版社

河北·石家庄

图书在版编目（ＣＩＰ）数据

对着一朵花微笑：风光卷 / 向启新主编. -- 石家
庄：花山文艺出版社，2004（2024.6 重印）
（"读品悟"快乐阅读系列）
ISBN 978-7-80673-559-6

Ⅰ．①对… Ⅱ．①向… Ⅲ．①散文－作品集－中国－
当代 Ⅳ．①I267

中国版本图书馆CIP数据核字(2004)第111952号

丛 书 名：　"读品悟"快乐阅读系列
丛书主编：向启新
书　　名：**对着一朵花微笑：风光卷**
　　　　　DUI ZHE YI DUO HUA WEIXIAO: FENGGUANG JUAN

本书主编：田　林

策　　划：张采鑫
责任编辑：王　磊
特约编辑：李文生
装帧设计：北京九洲鼎图书有限公司
美术编辑：王爱芹
出版发行：花山文艺出版社（邮政编码：050061）
　　　　　（河北省石家庄市友谊北大街330号）
销售热线：0311-88643299/96/17
印　　刷：三河市中晟雅豪印务有限公司
经　　销：新华书店
开　　本：710mm×1000mm　1/16
印　　张：10
字　　数：180千字
版　　次：2004年12月第1版
　　　　　2024年6月第5次印刷
书　　号：ISBN 978-7-80673-559-6
定　　价：49.80元

风光卷

学海点悟

爱默生说:"大自然满足了人类的一个崇高需求,即爱美之心。"的确,每一天的景象,露水莹莹的早晨,彩虹,山川,开花的果园,灿烂的群星,如水的月色,水中的倒映……大自然中这美好的一切,都可以使人获得满足,令人兴奋不已。

走进山野,你就是走进心灵的伊甸园。山峦层层叠叠的绿,湖泊深深浅浅的蓝,阳光斑斑驳驳地渗进树林闪闪烁烁,野花或浓或淡满草地涂抹……一切都是美的。

看见一片草地,你就会有一种温暖和亲切从心头涌出,总想伸手去触摸它们,总想在上面坐一会儿,但又不忍在这绿毯似的草地上留下一丝践踏的印迹。

当几根光秃秃的枝条上,冷不丁爆发出些淡绿、鹅黄色的嫩芽,更会令你惊喜地大叫:"呀!新叶!"转眼间,便是满眼碧绿,那一团团、一簇簇浓浓相间,亭亭如盖的碧绿会使你心旷神怡,精神振奋。

如果人与自然能够和谐相处,也许这山还是那座山,这河还是那条河,这水还是那清的水……然而如今,"浓妆淡抹总相宜"的西子湖不见了,"桃花流水鳜鱼肥"的情景也不见了,就是"千里冰封,万里雪飘"的北国壮观也难以见到了……在"想念绿水青山"中,你会作何感想呢?

《三过泰山》的作者杞人忧"山",他担心有朝一日泰山会被砍山人那"愚公移山"的信念夷为平地。毕淑敏在《离太阳最近的树》中的描述则更可怕:"那些被掘走红柳的沙丘,好像眼球摘除术的伤员,依然大睁着空洞的眼睑,怒向苍穹。"难道这还不够触目惊心吗?善良的人们啊,难道你们没有听见地球母亲的哭泣吗?

人类应该明白:在充满阳光、空气、鲜花的地球大家庭里,人类的健康与幸福,皆汲自大自然博大的亲情。我们追求的所谓成功,也只不过是在地球生物圈里抵达一种美丽的和谐而已。

幸而,这里有一片风景,它给我们的心灵带来了一丝慰藉。"那塔,那湖,那片林子,那些花朵"依旧,我们还可以尽情地享受《听雨的乐趣》:春雨是文静的小姑娘,悄无声息地抛洒。夏天的雨像一个顽皮的孩子,趁你不在意,它就一路蹦跳着,嬉戏着,吵闹着下来了……我们还可以拾起一片如丹的枫叶,去想象万山红遍,枫叶如丹,落木萧萧,赤城霞起的壮美,去感悟它的孕育、诞生、长大、挫折和成熟。我们还可以去欣赏"万条垂下绿丝绦"的《杨柳》:杨柳姿态婀娜,但它却非常谦虚。它长得快,而且很高;但是越长得高,越垂得低,千万条陌头细柳,条条不忘根本,常常俯着顾着下面,时时借了春风之力而向泥土中的根本点头致意,或者和它亲吻……

其实,风景既是水光山色,也是一种精神。风景因人的创造而变得神奇,人因风景的陶冶而变得滋润。风景是美,但风景不止有青山绿水、动物、植物,也有风暴、地震以及天外来物……因其丰富复杂才多姿多彩。彩虹和雨水是孪生的,没有雨水就没有彩虹,有了彩虹雨就有了色彩。你若能将你所面临的都视作风景,静心接纳,那么,安抚就在其中,欢乐也在其中!

目 录

一、想念绿水青山

作文链接

对着一朵花微笑

二、聆听大自然

作文链接

三、星空夜话

作文链接

四、故乡,远方

作文链接

五、你让我心动

作文链接

他们对草的重视

想

念绿水青山

风光卷

其实就是善待人自己

　　每每面对那些因简洁愈显真切因平实尤见气势的自然景观，譬如深秋中湛蓝辽远的晴空、北国浩瀚无际的茫茫大漠，或者雪后纤尘不染的原野、雨中的一方迷梦空灵的天地……我就觉得，自己久蒙尘垢的心顿然浸入了一片慰藉之中，就像一株久已脱水渐趋蔫萎的水仙花被重新植入盆中的静水一样，那么叫人心智舒展、活力洋溢，轻轻松松的，就抖去了满身的疲惫与困乏。

快乐阅读
kuai le yue du

想念绿水青山

井冈瀑布／··· 黄文山

　　6月,井冈的杜鹃已然谢了,再看不到山野间那一丛丛火焰般燃烧的热烈景象。但经过整整一个春天雨水的滋润,满山的草木却如墨染似的浓绿。此时最让人动心的当然还是瀑布。

　　井冈山瀑布最集中的地方是龙潭。一道长仅两公里的峡谷里,竟汇集了五潭十瀑。大小瀑布在悬崖峭壁之间,奔腾呼啸,引得峰鸣谷应,将大山的生命演绎得如此豪壮。

　　到龙潭看瀑布,既可以乘缆车,也可以步行,当然各有好处。缆车是从高空俯瞰,有一段几乎是贴着瀑布的水面缓缓下降,离开了缆车,无论是谁,也无法在这样近的距离、在这样的高度看着万斛(hú,量器)泉流最初跌落的景象。当然,要观赏瀑布最后的跌落,则须下了缆车,徒步走到瀑布近前。这最后的一刻,似乎不像起始那样有序,但却变化万千,极其壮观。瀑布的下方,是一面空潭。瀑布落到潭中,发出喧雷般的响声,溅起的水花,化作漫天大雨。风忽忽闪闪,挟着水花和雾气,在峡谷间游荡。其实,在瀑布的中段,瀑流的下落就起了变化。有急急匆匆,一泻到底的;有从容优雅,款款而降的;也有寻找岩石作落脚点,悄然离队,但最终又不得不从岩石上漫流而下的;还有的……于是,一帘瀑布里,景象万千,每一股大瀑布里都藏着无数小瀑布,水流纵横交错,穿梭来往,溅珠喷玉,展开了一幅幅纷纷变幻的生命景象。

　　井冈山落差最大的瀑布——飞龙瀑布则在五指峰下的水口。150米高的瀑布如同一幅巨大的壁挂高悬于天地之间。沿着石砌小道往下走,老远就能听到喧腾的水声,在山谷轰鸣。待走到瀑布近前,更觉得气势不凡。瀑布不是一泻直下,而是折成两叠,上一叠,似乎是斜刺里冲出的一支奇兵,急骤驰骋,势不可挡;下一叠,则如千军万马,漫山遍野而下,但见戟戈耀目,烟尘滚滚,盈耳则是风啸马嘶,吼声如雷。

在瀑布的上方,所看到的情景却完全不同。透过稀疏的树丛,面前只是一条不起眼的小溪。水流十分平静,从叶隙筛下的点点阳光,在溪面上轻轻地跳跃着,溪水缓缓流过树丛,流过石滩,像一支德沃夏克极具抒情意味的交响曲,节奏欢欣而舒缓。可是它们哪里知道,仅仅是几步之外,它们的命运将要发生根本性的变化!它们没有任何选择,甚至不容许有一丝犹豫,它们平静的生涯已经走到尽头,于是就这样相互簇拥着向一道深渊一跃而下。也许它们谁也没有想到,这身不由己的一跃,竟使得生命的瞬间如此壮观又如此辉煌!

倘若没有面前的峭岩悬崖,倘若没有忘我的奋身一跃,自然,也便没有这样一道绚丽的生命华彩。那么,溪水将依然唱着平静而舒缓的歌,在丛林中穿行,与鹅卵石和水草嬉戏,像每一条平平常常的小溪,日子过得单调而轻松。其实,只要给它们机会,任何一条看似不起眼的小溪,都能将生命化作万丈飞瀑。

6月,在井冈山旅行,听听瀑布的喧响,那似风似雨的轻吟抑或如雷如鼓的轰鸣,都能引发你内心的回应,因为,那是大自然的呼唤,是大地律动的脉搏。没有什么比这样的声音更让人沉醉了。

与你共品
yu ni gong pin

世界上有一种东西让人动心,有一种声音让人沉醉,这就是瀑布。文章作者从视觉、听觉等不同角度生动地描绘井冈瀑布,赋予瀑布以生命,向世人展示井冈瀑布的美丽、壮观和气势磅礴。

个性独悟
ge xing du wu

★作者是按照什么顺序描写龙潭瀑布的?

★有人将文章第三自然段中下面的文字做了如下的改写，你认为改写得有没有道理，请作简要分析。

原文：有急急匆匆，一泻到底的；有从容优雅，款款而降的；也有寻找岩石作落脚点，悄然离队，但最终又不得不从岩石上漫流而下的；还有的……

改文：有的直流到底，有的慢慢落下，有的溅上岩石又流下去，还有的……

★作者写井冈瀑布用了哪些表现手法？

快乐阅读

三过泰山 / 孙骏毅

夜毕竟深了，车厢里的嘈杂声也稀落下来，"咣当咣当"的催眠曲把人摇入了并不深沉的梦。

我看了下时刻表，快过泰山了，好奇心竟猛地蹦了出来。读过杨朔的散文《泰山极顶》，"从山下望，泰山是一幅倒卷的水彩画，向上舒展开来"，那清丽的意境，曾多次撩拨过我的思绪。快到山脚下了，我兴奋得有些心跳，赶紧把脸贴近车窗朝外望。夜色浓重，依稀可见凹凸不平的地带，一闪而过，圆的、立柱的、三角形和菱形的多面体，像怪物似的蹲在暗处，大约是农舍、柴垛、树木、风车之类。稍远处，便是模糊一片，只有几盏萤火虫似的灯跳跃着，忙碌地晃来晃去，蓦然间，一个庞大的黑影移近车窗。我像一只渺小的蚂蚁，仰视一匹雄壮的骏马。马的脊背上，缀着上百颗璀璨的明珠，忽高忽低，忽远忽近，被车颠得摇摇晃晃。

邻座朝暗影一指，笑着告诉我："那就是泰山。"

我的目光由下而上地扫描去，有几颗星星缀在庞大的黑影的顶巅，闪着神秘的眼睛。那由上而下披挂着的灰色光带，莫非是蜿蜒的山路抑或是飞升的盘山索道?正欲探个究竟,车却已经驰过这座名山了。

我后悔没有在泰安落脚,翌日一早便能登山看日出。归来时,无论如何要游一游泰山。

真不凑巧,京城三日,连近处的故宫、北海和景山也没空转悠,一纸电文催我返苏。

匆匆地上车,匆匆地过泰山。

正是早晨,白窗纱似的雾浮起了这座名山,朦胧、飘逸,若仙境一般。假若把车窗比做一个画框,那么,山是一坨浓浓的泼墨,涂满一个角,余下的全是乳白。乳白的云,乳白的雾,一朵朵,一簇簇,像山上长出了一片鲜灵灵的蘑菇。细看是半山的绿,半山的赭。绿的是层层上展的松杉,赭的是挺拔遒劲的山石。上山路极纤细,若断若续地嵌在浓绿里。半山腰里,闪过一点红或一点白,那是早行的登山者。我真羡慕他们在一座名山上拥抱了一轮鲜红的太阳,泰山日原是极可爱的哟。

车在向前,山在退后,由低到高,由高及低,浓浓的翠,滚滚的翠。忽然在山尾处,我发现有几个石匠贴在峭壁上凿炮眼,看那阵势,这山已经劈断一个角了,而且还在一口一口咬噬这山的筋肉。我莫名其妙地心疼起来。倘砍山人真有愚公"挖山不止"的信念,那我下回再路过泰山怕是只能看见一个土墩儿了。

我莫非是杞人忧"山"?

我第三次过泰山,是在梦中,山不高,很快就攀到了山顶,泰山果然是美,绚丽多彩,把染色的浮云一下子推到我的身边。忽然,我的脚下摇动起来,"当当"锤,"轰轰"响,把我吓醒了……

呵,夜色中的泰山,雾中的泰山,我梦中的泰山。

与你共品

文章避实就虚。从夜过、晨见、梦游三处落笔,选材新颖,立意独到。

先写夜过泰山。作者由近及远依稀见到的是:不平的地带、各种形状的多面体,到稍远的模糊一片。泰山是"一个庞大的黑影",像一

想念绿水青山

匹雄壮的骏马! 山上的电灯是马背上缀着的明珠。

次写早晨过泰山。作者以车窗为框架,为我们画了一幅水墨远景图:山间是乳白的云,半山腰是绿树赭石,其中纤细的山路断断续续,行人红白点点……处处写实,处处留虚。它是那么朦胧,它又那么飘逸。

后写梦游。于虚幻中写泰山。表露出作者对泰山前途的深深担忧。我们已有太多太多遭受毁坏的青山绿水了,难道这千古名山的泰山也会有一天只留在人们的梦中吗?

个性独悟
ge xing du wu

★作者从哪几方面来写泰山的?每一次写泰山有什么特点?

★作者写虚幻中的泰山有什么目的?

★第八自然段中用了哪些修辞手法? 起什么作用?

1.选出表述意思准确、用词恰当的一项。(　　)

A.夜色浓重,依稀可见凹凸不平的地带,一闪而过,圆的、立柱的三角形和菱形多面体,像怪物似的蹲在暗处,那是农舍、柴垛、树木、风车之类。

B.马背上缀着上百颗璀璨的明珠,忽高忽低,忽远忽近,车被颠得摇摇晃晃。

C.上山路极纤细,像一根线嵌在浓绿里。

D.我真羡慕他们在一座名山上拥抱了一轮鲜红的太阳。

2.选择语言简洁、符合情景、用词生动、描写形象的句子。(　　)

A.正是早晨,白窗纱似的雾飘在山的周围,朦胧、飘逸,若仙境一般。

B.正是早晨,白窗纱似的雾在山头飘来飘去,山头时隐时现,朦胧、飘逸,若仙境一般。

C.正是早晨,白窗纱似的雾缭绕山头,自由荡漾,隐隐约约,朦胧、飘逸,若仙境一般。

D.正是早晨,白窗纱似的雾浮起了这座名山,朦胧、飘逸,若仙境一般。

3.对第八自然段"乳白的云,乳白的雾……那是早行的登山者"几句的分析,选出最恰当的一项。( )

A.这一段用比喻、对比、描写等修辞手法画出了泰山远景图,是一幅泰山的大写意。

B.这一段从上到下,有静有动,绘形绘色地描写了泰山远景图。

C.这是一段既写实又写虚的特写镜头,虚实结合地写出了远望泰山的美景。

D.这一段由粗看到细看,由远景到近景,写出了早晨泰山的独特景色。

快乐阅读

离太阳最近的树 / ···毕淑敏

三十年前,我在西藏阿里当兵。

这世界的第三级,平均海拔5000米,冰峰林立,雪原寂寥。不知是神灵的佑护还是大自然的疏忽,在荒漠的褶皱里,有时会不可思议地生存着一片红柳丛。它们有着铁一样锈红的枝干,风羽般纷披的碎叶,偶尔会开出谷穗样细密的花,对着高原的酷寒和缺氧微笑。这高原的精灵,是离太阳最近的树,百年才能长成小小的一蓬。到藏区巡回医疗,我骑马穿行于略带苍蓝色调的红柳丛中,竟以为它必与雪域永在。

一天,司务长布置任务——全体打柴去!

我以为自己听错了,高原之上,哪里有柴!

原来是驱车上百公里,把红柳挖出来,当柴火烧。

我大惊,说红柳挖了,高原上仅有的树不就绝了吗?

司务长回答,你要吃饭,对不对?饭要烧熟,对不对?烧熟要用柴火,对不对?柴火就是红柳,对不对?

我说,红柳不是柴火,它是活的,它有生命。做饭可以用汽油,可以用焦炭,为什么要用高原上唯一的绿色!

司务长说,拉一车汽油上山,路上就要耗掉两车汽油。焦炭运上来,1斤的价钱等于6斤白面。红柳是不要钱的,你算算这个账吧!

挖红柳的队伍,带着铁锨、镐头和斧,浩浩荡荡地出发了。

红柳通常都是长在沙丘上的。一座结实的沙丘顶上,昂然立着一株红柳。它的根像巨大章鱼的无数脚爪,缠附至沙丘逶迤的边缘。

我很奇怪,红柳为什么不找个背风的地方猫着呢?生存中也好少些艰辛。老兵说,你本末倒置了,不是红柳在沙丘上,是因为有了这红柳,才固住了流沙。随着红柳渐渐长大,流沙被固住的越来越多,最后便聚成了一座沙山。红柳的根有多广,那沙山就有多大。

啊,红柳如同冰山。露在沙上的部分只有十分之一,伟大的力量埋在地下。

红柳的枝叶算不得好柴薪,真正顽强的是红柳强大的根系,它们与沙砾黏结得如同钢筋混凝土。一旦燃烧起来,持续而稳定地吐出熊熊的热量,好像把千万年来,从太阳那里索得的光芒,压缩后爆裂出来。金红的火焰中,每一块红柳根,都弥久地维持着盘根错节的形状,好像傲然不屈的英雄。

把红柳根从沙丘中掘出,蕴含着很可怕的工作量。红柳与土地生死相依,人们要先费几天的时间,将大半个沙山掏净。这样,红柳就枝杈遒劲地腾越在旷野之上,好似一副镂空的恐龙骨架。这时需请来最有气力的男子汉,用利斧,将这活着的巨型根雕与大地最后的联系——斩断。整个红柳丛就訇然倒下了。

一年年过去,易挖的红柳绝迹,只剩那些最古老的树根了。

掏挖沙山的工期越来越漫长,最健硕有力的小伙子,也折不断红柳苍老的手臂了。于是人们想出了高技术的法子——用炸药!

只需在红柳根部,挖一条深深的巷子,用架子把火药放进去,人伏得远远的,将长长的药捻点燃。深远的寂静之后,只听轰的一声,再幽深的树怪,也尸骸散地了。

我们风餐露宿。今年可以看到去年被掘走红柳的沙丘,好像眼球摘除术的伤员,依然大睁着空洞的眼睑,怒向苍穹。但这触目惊心的景象不会持续太久,待到第三年,那沙丘已烟消云散,好像此地从来不曾生存过什么千年古木,不曾堆聚过亿万颗沙砾。

听最近到过阿里的人讲,红柳林早已掘净烧光,连根须都烟销灰灭了。

有时深夜,我会突然想起那些高原上的原住民,它们的魂魄,如今栖息在何处云端?会想到那些曾经被固住的黄沙,是否已飘洒在世界各处?从屋子顶上扬起的尘沙,通常会飞得十分遥远。

与你共品

yu ni gong pin

　　本文从红柳的被灭绝入手,表达了作者深刻的思索:人类为什么要辛辛苦苦地破坏自己的生存环境呢?文章以对红柳的讴歌起笔,这离太阳最近的绿树,以钢铁般的枝干,对抗着残酷的环境,充满着乐观的精神。继而以主要篇幅写出它被人们用大力气终于灭绝了的悲剧。人们在灭绝它的过程中,付出了"可怕的工作量",甚至动用炸药这种高技术的手段。人们为此付出的劳动越巨大,使用的手段越先进,这其中蕴含着的悲剧意义也便越深刻。文章中写了司务长在领着人们去掘红柳时的辩解,振振有词,其实不正反映了人类的短视吗?

个性独悟

ge xing du wu

　　★这篇文章,作者通过高原红柳被人们灭绝的事,表达了什么样的思想感情?

　　★第二自然段中"在荒漠的褶皱里""褶皱"在文中是什么意思?对本段中画线句子应该怎样理解?"我骑马穿行于略带苍蓝色调的红柳丛中,竟以为它必与雪域永在",句中的"竟"字有什么含意?

　　★文章在结尾处把红柳这种植物称为"高原上的原住民",表达了怎样的感情?

　　★文题中"离太阳最近",有什么含义?文中哪句话写出了红柳对人类生存环境的贡献？

快乐阅读
kuai le yue du

城市与山 / ··· 席星荃

　　上海作家陈村写了一篇《想象上海》，他说，最最令人不安的是上海是个海边的城市，但它没有海的景观，也没有像样的山，这块土地平坦得太过分了。作家要平地垒一座山。他想象，山垒在金山卫，更好是在宝山口。有一座高高的山，居高临下地看江看海，可以吟诗。对面是崇明岛，正好去看候鸟和芦苇，去打滚，去放歌，去晒太阳……

　　这是真正有文化眼光的识者之言。

　　这使我想到中国的风景画来。一幅风景画有山有水，方成佳妙。一个城市也如此，要想真美，无山便难了。北京若无西山，南京若无钟山，广州若无越秀山，那简直不可想象。就连武汉，尽管龟蛇二山其貌不扬，但有山才有黄鹤楼，才有一个登高骋目的去处。上海是国际大都市，但这一点比武汉、南京等则望尘莫及。陈村即使造出一座山来，他能造出历史文化吗？扬州是名城，有历史文化，但同样无山。扬州人没有"造"山，却妙手"借"山，在城北矮矮的蜀冈上大做文章，自欧阳修建平山堂始，历代建有寺塔亭台。扬州距长江仅数十里，江南岸青山耸翠，扬州人登上蜀冈上的亭台寺塔，举目一望，"隔江山色，近在几案"。清代王士祯《东园记》写道："因高为山，因低为地，隔江诸峰耸峙几席。"于是江南之山移为扬州之景。可见山对一个城市的意义。

　　山不仅是自然景观。老子说，仁者乐山，智者乐水。大凡城邑之山，都凝聚着地方文化的精华，深藏着圣贤名人的遗迹，既是城市文化品位的标志，也是地域特色的象征。对外可以骄傲，对内可以励志。是一种无形的精神文化资源，是当地人心灵成长的精神后园。

　　在这方面襄(阳)樊(城)得天独厚，登上城南的岘山，可以南望云梦之泽，北瞰宛洛之野。最宝贵的是这一脉青山有深厚的文化积淀。一座岘山，出了羊祜"登高堕泪"和杜预"陵谷之替"两个著名典故，引来无数后人的凭吊与歌吟，唐宋两代的文学大家，如李白、杜甫、白居易，如苏轼、曾巩、欧阳修、王安石等，都登临过此山，并且留下灿烂的诗章。岘山还是孙坚被黄祖射杀的殒命之地。南宋末，蒙古大军在岘山上筑十里长堡，围困襄阳十年之久，守将吕文焕孤城无援终于出降。由于岘山的名气，以至在江浙的东阳和吴兴出现了两座拟岘山。仿佛记得东汉高士严子陵坚辞光武帝高官后，到富春江畔垂钓隐居，也曾将钓台的小山拟称岘山。而城西的万山出名更早，它下临汉水，古称汉皋，《韩诗外传》记载郑交甫使楚，来到汉皋下之典隈，遇二女，佩珠大如荆鸡卵，遂上前挑逗，讨要佩珠。二女但笑不语，解佩与交，交甫怀珠窃，行未及远，回头视二女，忽然不见，怀中亦空。始知为汉水神女所戏。据说《诗经·汉广》"汉有游女，不可求思"的游女是弄珠汉皋之曲的神女，被张衡的《南都赋》、曹植《洛神赋》和孟浩然的诗所引称。万山又是王粲栖身襄阳十八年的卜居处，王粲井遗址至今犹存。至于其他文化遗存不可赘述。

——然而，此刻我不得不暂停拙笔了——我又听到了南山传来的隆隆的炮声，这是持续了几十年的炸山取石的炮声，襄樊人早已听得耳熟，一天数次，定时点炮，轰！轰！轰！群山颤抖，城内俱悚，几十年不变。于是，几座青山在炮声中消失了，举目望去，原本秀美如黛的群峰中出现了癞疤似的石岩，连千年古寺所在的山也削为深壑……

——有人毁林，也有人毁山。

我想起了今年"五一"期间，我在城南名胜习家池遇到陕西师大历史系的王教授。他们一行人特地乘假期来这个历史文化名城游览，遇到我时已经在城南山中跑了半天，什么也没看到，正焦急地向当地人询问古迹。他失望地说，城南这一片山文化积淀十分浓厚，应该有许多的古迹，如今这个样子他觉得意外，也很遗憾。他说得对，我表示了同感，也暗自惭愧：作为襄阳人，我对不起远道而来、慕名而至的客人。

名胜古迹都到哪儿去了？过来人不说自明，但当年的拆和毁是"当年"，而今天却依然在炸山——另外一种意义上的古迹、传统和文化——却实在令人叹息。襄阳城南的山并不多，不是太行王屋，现代的"愚公"并不需子子孙孙无穷地挖下去就可以挖平，数十百年之后，王维所盛称的"襄阳好风日，留醉与山翁"（《汉江临眺》），李白所痴迷的"开窗碧嶂满，拂镜沧江流"（《忆襄阳旧游赠马少府巨》），这些真真切切的美丽，将是一去不归的旧梦。后代人再读这些诗，连想象怕也无从生根,或者干脆就认为是诗人的呓语吧?

陈村是有眼光的,所谓知"道"者,从他的话里可以体会到人的精神需要,以及这种需要的必不可少的自然空间。看鸟,看芦苇,打滚,放歌,都是人必不可少的精神生存方式。越是境界高的人越是需要精神的空间。是的,现在,我们还在追逐物质生存条件的改善,也许还没有很多的人感觉到精神文化活动的迫切需要;但我们应该看到,在人的物质生存问题解决之后,精神文化的生存的需要。我们永远是穷困的吗?我们不是肯定会实现现代化的吗?然而,到那一天,没有了山,没有了水,没有了森林和草滩,没有了历史文化的沉积,我们的后人将何以生存?

我急切地盼望那炮声消失……

与你共品
yu ni gong pin

老子说,仁者乐山,智者乐水,山水秀美,相互衬托。然而看到慢慢被毁的山,那一声声炸山的炮声令"我"痛心不已。从长远来看,我们毁掉的仅仅是山吗?

个性独悟
ge xing du wu

★为什么说作者对上海的感觉是"令人不安"?

★作者认为"中国风景画"与"一个城市"的共同点在于什么?

★文中说:"作为襄阳人,我对不起远道而来,慕名而至的客人",表达了作者怎样的情感内涵?

快乐阅读
kuai le yue du

地球之泪 / ···江　霖

　　杨澜去美国采访 1998 年诺贝尔化学奖获得者、美籍华人崔琦。崔琦谈起他 12 岁那年,颇有远见的母亲咬紧牙关省吃俭用送他出村到外地读书,这一走便成了与父母的永别。当杨澜问如果那年不外出读书结果会怎样时,崔琦的回答出人意料:"如果我不出来,三年困难时期我的父母就不会死。"崔琦满面是后悔的泪。

　　只有初中文凭的吴士宏女士到美国攻读 MBA 高级研修班,拿到机票之时,父母双双大病。"难道你们就不能晚两个月生病吗?"她被自己闪出的这一念头吓了一跳。"我竟然想推卸责任!我沦落为这类人了吗?好人是成功的基本条件!"她终于决定埋葬自己的梦想,留下来陪伴父亲一生最后的时光。5 个月后,微软公司的上司对她说:"你就是为微软而生的。"于是,吴士宏成了微软(中国)有限公司的总经理。

　　亲情,是我们活着最美好的希望。

　　在充满阳光、空气、鲜花的地球大家庭里,人类的健康与幸福,皆汲取自大自然博大的亲情。我们追求的所谓成功,也只不过是在地球生物圈里抵达一种美丽的和谐。

　　4 月 22 日,是世界地球日。我收起这支写惯了森林、沙漠、臭氧层、核战争、物种灭绝等字眼的自来水笔,踏上了回乡之路,像只破网而逃的野兽。我生活的这座城市许许多多的野生动物在饭馆被宰杀,我听出一位县长夫人因其夫出外打猎而担忧他被撤职而痛哭的声音,我更听到山野里可爱的动物们倒下的轰鸣声。

　　窗外树根不断地进入花鸟市场,成为人们欣赏的艺术盆景。圆润的卵石正一筐筐地堆到了石匠的加工场。那与土地一生深深牵绕的根,那与河流一世闪闪透明的石!

干旱、水位下降、土地龟裂……我隐约感到我们身边蕴藏着一种危机,但我们视而不见。

面对千年虫的袭击,我们在科技的光芒与大自然的沉寂间似乎有所启悟。国外科学家说:"在中国现代银行耀眼的玻璃外墙和明亮的大理石柜台后面,隐藏着该国对付千年虫的秘密武器。"当我们掸掸灰尘,搬出遗忘在角落里的算盘,一粒粒在指尖下加减乘除时,我们演算着的是世间一种怎样的密码啊!

我们从计算机芯片世界中抬起头注视黑色的盘珠时,发现20世纪留给地球太多的沉重和忧伤,我们只能带着这些精神财产出发和远游。当我们在以"人与自然"为主题"世博会"上温柔地顾盼青山绿水时,我们似乎听到季节深处地球母亲流泪的声音。我们生活在这个世界还有多少不肯妥协的爱和恨啊,只因为最初的三叶虫,在星空的那一端,仍旧回响着遥远的渴望。

与你共品
yu ni gong pin

人类生活在地球上,对父母、对地球总是怀有一种亲情。因为它是我们活着的最好希望。

在人类文明的今天,有些人是怎样对待我们的母亲的呢?这不能不令人深思。

个性独悟
ge xing du wu

★第一段崔琦回答杨澜的话,表达了崔琦对母亲怎样的感情?第二段中"我竟然推卸责任,我沦落为这类人了吗?""这类人"指怎样的人?

★第五段中，作者为什么"踏上了回乡之路，像只破网而逃的野兽"？第六段中"窗外树根正不断地进入花鸟市场，成为人们欣赏的艺术盆景。圆润的卵石正一筐筐地堆到了石匠的加工场"，反映了一种怎样的社会现象？

★大自然遭到破坏的结果是什么？除了文章写出的之外，你还能列举出一些吗？文章的结尾"我们似乎听到季节深处地球母亲流泪的声音"，"在星空的那一端，仍旧回响着遥远的渴望"，作者意在说明什么？

快乐阅读
kuai le yue du

再到湖上 / ···[美] 怀 特

大概在 1904 年的夏天，父亲在缅因州的某湖上租了一间露营小屋，带了我们去消磨整个 8 月。我们从一批小猫那儿染上了金钱癣，不得不在臂腿间日日夜夜涂上旁氏浸膏，父亲则和衣睡在小划子里；但是除了这些，假期过得很愉快。自此之后，我们中无人不认为世上再没有比缅因州这个湖更好的去处了。一年年夏季我们都回到这里来——总是从 8 月 1 日起，逗留一个月时光。我这样一来，竟成了个水手了。夏季里有时候湖里也会兴风作浪，湖水冰凉，阵阵寒风从下午刮到黄昏，使我宁愿在林间能另有一处宁静的小湖。就在几星期前，这种想望越来越强烈，我便去买了一对钓鲈鱼的钩子，一只能旋转的盛鱼饵器，启程回到我们经常去的那个湖上，预备在那儿垂钓一个星期，还再去看看那些梦魂萦绕的老地方。

我把我的孩子带了去，他从来没有让水没过鼻梁过，他也只有从列车的车窗里，才看到过莲花池。在去湖边的路上，我不禁想象这次旅行将是怎样的一次。我缅想时光的流逝会如何毁损这个独特的神圣的地方——险阻的海角和潺潺的小溪，在落日掩映中的群山，露营小屋丛和小屋后面的小路。我缅想那条容易辨认的沥青路，我又缅想那些已显荒凉的其他景色。一旦让你的思绪回到旧时的轨迹时，简直太奇特了，你居然可以记忆起这么多的去处。你记起这件事，瞬间又记起了另一件事。我想我对于那些清晨的记忆是最清楚的，彼时湖上清凉，水波不兴，记起木屋的卧室里可以嗅到圆木的香味，这些味道发自小屋的木材，和从纱门透进来的树林的潮味混为一气。木屋里的间隔板很薄，也不是一直伸到顶上的，由于我总是第一个起身，便轻轻穿戴以免惊醒了别人，然后偷偷溜出小屋而到清爽的气氛中，驾起一只小划子，沿着湖岸上一长列松林的阴影里航行。我记得自己十分小心不让划桨在船舷上碰撞，唯恐打搅了湖上大教堂似的宁静。

这处湖水从来不该被称为渺无人迹的。湖岸上处处点缀着零星小屋，这里是一片耕地，而湖岸四周树林密布。有些小屋为邻近的农人所有，你可以住在湖边而到农家去就餐，那就是我们家的办法。虽然湖面很宽广，但湖水平静，没有什么风涛，而且，至少对一个孩子来说，有些去处看来是无穷遥远和原始的。

次晨我们去钓鱼。我感到鱼饵盒子里的蚯蚓同样披着一层苔藓，看到蜻蜓落在我的钓竿上，在水面几英寸处飞翔，蜻蜓的到来使我毫无疑问地相信一切事物都如昨日一般，流逝的年月不过是海市蜃楼，一无岁月的间隔。水上的涟漪如旧，在我们停船垂钓时，水波拍击着我们船舷有如窃窃私语，而这只船也就像是昔日的划子，一如过去那样漆着绿色，折断的船骨还在旧处，舱底更有陈年的水迹和碎屑——死掉的翅虫蛹，几片苔藓，锈了的废鱼钩和昨日捞鱼时的干血迹。我们沉默地注视着钓竿的尖端，那里蜻蜓飞来飞去。我把我的钓竿伸向水中，短暂而又悄悄避过蜻蜓，蜻蜓已飞出二英尺（1 英尺约为 0.305 米）开外，平衡了一下又栖息在钓竿的梢端。今日戏水的蜻蜓与昨日的并无年限的区别——不过两者之一仅是回忆而已。我看看我的孩子，他正默默地注视着蜻蜓，而这就如我的手替他拿着钓竿，我的眼睛在注视一样。我不禁目眩起来，不知道哪一根是我握着的钓竿。

上岸后到农家去吃饭，穿过丰饶的满是尘土的田野，在我们橡胶鞋脚下踩着的只是条两股车辙的道路，原来中间那一股不见了，本来这里布满了牛马的蹄印和薄薄一层干透了的粪土。那里过去是三股道，任你选择步行的；如今这个选择已经减缩到只剩两股了。有一刹那我深深怀念这可供选择的中间道。小路引我们走过网球场，蜻蜓在阳光下再次给我信心。球网的长绳放松着，小道上长满了各种绿色植物和野草，球网（从 6 月挂上到 9 月才取下）这时在干燥的午间松弛下垂，日中的大地热气蒸腾，既饥渴又空荡。农家进餐时有两道点心可资选择,一是紫黑浆果做的馅饼,另一种是苹果馅饼;女侍还是过去的普通农家女,那里没有时间的间隔,只给人一种幕布落下的幻象——女侍依旧是15岁,只是秀发刚洗过,这是唯一的不同之处——她们一定看过电影,见过一头秀发的漂亮女郎。

对我说来,因为我不断回忆往昔的一切,那些时光那些夏日是无穷宝贵而永远值得怀念的。这里有欢乐、恬静和美满。到达(在8月的开始)本身就是件大事情,农家的大篷车一直驶到火车站,第一次闻到空气中松树的清香,第一眼看到农人的笑脸,还有那些重要的大箱子和你父亲对这一切的指手画脚,然后是你座下的大车在十里路上的颠簸不停,在最后一重山顶上看到湖面的第一眼,梦魂萦绕的这汪湖水,已经有11个月没有见面了。其他宿营人看见你去时的欢呼和喧哗,箱子要打开,把箱里的东西拿出来。(今天抵达已经较少兴奋了,你一声不响地把汽车停在树下近小屋的地方,下车取了几个行李袋,只要5分钟一切就都收拾停当,一点儿没有骚动,没有搬大箱子时的高声叫唤了。)

恬静、美满和愉快。这儿现在唯一不同于往日的,是这地方的声音,真的,就是那不平常的使人心神不宁的舱外推进器的声音。这种刺耳的声音,有时候会粉碎我的幻想而使年华飞逝。在那些旧时的夏季里,所有马达是装在舱里的,当船在远处航行时,发出的喧嚣是一种镇静剂,一种催人入睡的含混不清的声音。这是些单汽缸或双汽缸的发动机,有的用通断开关,有的是电花跳跃式的,但是都产生一种在湖上回荡的一种催眠声调。单汽缸噗噗震动,双汽缸则咕咕噜噜,这些也都是平静而单调的音响。但是现在宿营人都用的是舱外推进器了。在白天,在闷热的早上,这些马达发出急躁刺耳的声音。夜间,在静静的黄昏里,落日余晖照亮了湖面,这声音在耳边像蚊子那样哀诉。我的孩子钟爱我们租来使用舱外推进器的小艇,他最大的愿望是独自操纵,成为小艇的权威,他要不了多久就学会稍稍关闭一下开关(但并不关得太紧),然后调整针阀的诀窍。注视着他使我记起在那种单汽缸而有沉重飞轮的马达上可以做的事情,如果你能摸熟它的脾性,你就可以应付自如,那时的马达船没有离合器,你登岸就得在恰当的时候关闭马达,熄了火用方向舵滑行到岸边。但也有一种方法可以使机器开倒车,如果你学到这个诀窍,先关一下开关然后再在飞轮停止转动前,再开一下,这样船就会承受压力而倒退过来。在风力强时要接近码头,若用普通靠岸的方法使船慢下来就很困难了,如果孩子认为他已能完全主宰马达,他应该使马达继续发动下去,然后退后几英尺,靠上码头。这需要镇定和沉着的操作,因为你如很快把速度开到一秒钟20次,你的飞轮还会有力量超过中度而跳起来像斗牛样地冲向码头。

我们过了整整一星期的露营生活,鲈鱼上钩,阳光照耀大地,永无止境,日复一日。晚上我们疲倦了,就躺在为炎热所蒸晒了一天而显得闷热的湫隘卧室里,小屋外微风吹拂使人嗅到从生锈了的纱门透进的一股潮湿味道。瞌睡总是很快来临,每天早晨红松鼠一定在小屋顶上嬉戏,招到伴侣。清晨躺在床上——那个汽船像非洲乌班基人嘴唇那样有着圆圆的船尾,她在月夜里又是怎样平静航行,当青年们弹着曼陀铃姑娘们跟着唱歌时,我们则吃着撒着糖末的多福饼,而在这到处发亮的水上夜晚乐声传来又多么甜蜜,使人想起姑娘时又是什么样的感觉。早饭过后,我们到商店去,一切陈设如旧——瓶里装着鲦鱼,塞子和钓鱼的旋转器混在牛顿牌无花果和皮姆牌口香糖中间,被宿营的孩子们移动得杂乱无章。店外大路已铺上沥青,汽车就停在商店门前。店里,与往常一样,不过可口可乐更多了,而莫克西水、药草根水、桦树水和菝葜水不多了,有时汽水会冲了我们一鼻子,而使我们难受。我们在山间小溪探索,悄悄地,在那儿乌龟在太阳暴晒的圆木间爬行,一直钻到松散的土地下,我们则躺在小镇的码头上,用虫子喂食游乐自如的鲈鱼。随便在什么地方,都分辨不清当家做主的我,和与我形影不离的那个人。

有天下午我们在湖上,雷电来临了,又重演了一出为我儿时所畏惧的闹剧。这出戏第二幕的高潮,在美国湖上的电闪雷鸣下所有重要的细节一无改变。这是个宏伟的场景,至今还是幅宏伟的场景。一切都显得那么熟稔,首先感到透不过气来,接着是闷热,小屋四周的大气好像凝滞了。过了下午的傍晚之前(一切都是一模一样),天际垂下古怪的黑色,一切都凝住不动,生命好像夹在一卷布里,接着从另一处来了一阵风,那些停泊的船突然向湖外漂去,还有那作为警告的隆隆声。以后铜鼓响了,接着是小鼓,然后是低音鼓和铙钹,再以后乌云里露出一道闪光,霹雳跟着响了,诸神在山间咧嘴而笑,舔着他们的腮帮子。之后是一片安静,雨丝打在平静的湖面上沙沙作声。光明、希望和心情的奋发,宿营人带着欢笑跑出小屋,平静地在雨中游泳,他们爽朗的笑声,关于他们遭雨淋的永无止境的笑语,孩子们愉快地尖叫着在雨里嬉戏,有了新的感觉而遭受雨淋的笑话,用强大的不可毁的力量把几代人连接在一起。遭人嘲笑的人却撑着一把雨伞　水而来。

当其他人去游泳时,我的孩子也说要去。他把水淋淋的游泳裤从绳子上拿下来,这条裤子在雷雨时就一直在外面淋着,孩子把水拧干了。我无精打采一点儿也没有要去游泳的心情,只注视着他,他的硬朗的小身子,瘦骨嶙峋,看到他皱皱眉头,穿上那条又小又潮湿和冰凉的裤子,当他扣上泡涨了的腰带时,我的下腹为他打了一阵死一样的寒战。

与你共品
yu ni gong pin

《再到湖上》创造了一种回忆与现实的蒙太奇叠合,一种流动的意识与自然景物的叠合。文中那种"庄生梦蝶"抑或"蝶梦庄生"的人生高逸飘渺便从字句中氤氲而现。生命的体验由于角色的不同而历久弥新,而超越时间的人生逸趣恰在过去与现在之外。

个性独悟
ge xing du wu

★文中创造了一种回忆与现实的叠合,让人感觉一切宛若梦中,一切又尽在眼底,试举例说明。

★为什么人不能体验到他人如何体验自己呢?

★在你的记忆中,你最难忘的夏天是哪一个?它为什么会让你难忘?

快乐阅读
kuai le yue du

盼 雪 / · · · 盛大林

又是冬天了。这是我南下广州的第一个冬天。虽然明白大雪难以过秦岭,但我还是同往年一样,盼望着一场大雪的降临。

雪就是美,雪就是诗。有关雪的诗句,人人都能信口诵来。"燕山雪花大如席""梅花欢喜漫天雪""一片一片又一片……飞入梅花都不见",说不尽的是对雪的那份钟情,那种喜恋;而"瑞雪兆丰年"则寄托了以农为本的中国人对来年的祝福和期望。

雪几乎是北方的专利,在南国是难得一见的。大约是前年,粤北的一场短暂的小雪,曾经让岭南人欣喜若狂。从报上看到这条消息时,我真为自己生在中原,能经常欣赏到雪而得意、满足。"日啖荔枝三百颗,不辞长作岭南人。"东坡先生大概是在享受荔枝时写下这些诗句的。如果他在赏雪时来了诗兴,大概又会说"年赏瑞雪一两场,更愿长作北国人"了。说到这里,我又不免为自己南下谋生,失去了经常赏雪的机会而遗憾不已。

小时候,地处大别山区的家乡每个冬天都要下几场雪。有雪的时候,我总是兴奋异常。跟小伙伴们打雪仗、堆雪人、滑雪板,我乐此不疲。小手冻得通红,也浑然不觉。虽然大雪使我到三里之外的学校上学麻烦许多,但我毫不在乎,学着大人的样子,用稻草绳绑着腿,深一脚浅一脚,寒风刺骨全不顾,积雪没膝趣最多……而我最喜欢的还是雪下得正欢的时候。或是伸出小手迎接碎玉般的雪花,或是在漫天飞雪中跑着、跳着,任雪花打在脸上、落在瓜皮帽上。然而,雪却常常在夜深人静时悄悄地开始降落,到天亮时,留给千家万户一个开门的惊喜。"哇,好大的雪呀!"一听到爷爷奶奶开门时的惊叹,平时最爱赖床、不烘热棉裤不起来的我,就会抬起头,先看看窗外,然后一骨碌爬起来……

如今,雪越来越稀罕了。大雪变成了小雪,多雪变成了少雪,少雪变成了无雪。

奶奶说,她曾见过三尺深的大雪。而我所见过的最大的雪只有一尺多深,那也是十多年前的事了。原以为,到了家乡以北的郑州,会见到更大的雪,但在郑州八年,却只见过一两次半尺以上的雪。近两年,更是连半尺雪也见不到了。每个冬天,我都在盼雪,数着一九二九三九,盘算着冬天还剩下多少时间,乃至到了春天,还常常盼望来一次"倒春寒",下一场"桃花雪",然而,冬去春又来,等来的却是一次又一次的失望。

科学家说,这是气候变暖的原因,气候变暖是因为"温室效应",而"温室效应"是因为工业化带来的大气污染。我越来越感到,我们失去的已不仅仅是雪,而是人类赖以生存的自然环境;我所企盼的,也不仅仅是雪,还包括人类环境意识的觉醒。

虽然身在南国,不敢奢望在这里见到大雪,但我盼望着家乡再一次出现"大雪封门",盼望着北国重现"万里雪飘"的壮景。前不久,有气象学家说,持续

对着一朵花微笑

十多年的"暖冬",可能在今年告一段落,出现一个寒冷的冬季。但愿这个预言能变成现实。

我天天关注着天气预报,我一年更比一年——盼雪。

与你共品

yu ni gong pin

这篇散文语言优美,诗一般的语言表达了作者对雪、尤其是对大雪的喜爱之情和对雪的盼望之心。文章的主旨不仅仅停留在对雪的喜爱上,作者对雪的企盼,是一种对美好环境的企盼,表达了作者对环境恶化的担忧之情。

个性独悟

ge xing du wu

★文中多处运用了对比手法,试举出两例。
★从什么时候开始对雪的盼望已成了一种奢求的呢?
★近几年雪越来越少的原因是什么?

快乐阅读

kuai le yue du

河与沙 / ···周 涛

在新疆生活的这么多年月里,我非常幸运地见识了它的那些著名的河流。的确,我非常幸运。

伊犁河、巩乃斯河、喀什河、塔里木河、孔雀河、额尔齐斯河、玉龙喀什河、叶尔羌河、多浪河……河流给人留下的往往是永难磨灭的记忆,是丝缕一般柔长的诗情。虽然水和水几乎是完全一样的,奇怪的却是河与河完全不一样。

叶尔羌河完好地保留了一副古代河流的面貌,在洪水期它宽阔的河床里流泻的仿佛不是水,而是永无休止的、奔腾拥挤的骆驼群;额尔齐斯河有着令人惊异的风采,它水量的充沛和纯净近乎神话,它的浪涛如同众多大块的碧玉倾泻翻滚;还有塔里木河,那是一支忧伤的歌,它以伤感的情调告别一个又一个绿洲,然后义无反顾地走进沙漠……还有呢,还有伊犁河,我已经好多次写到它们,但始终不能真正表达出它们的神韵。

如果说我对新疆有一种无法抗拒和割舍的爱,那么这里面有很大一部分是来自这些河。河流这些生命之蛇缠住了我的心。

与河相反的是,我这么多年走遍了新疆的许多地方,穿越过无数的戈壁和碱滩,却很难深入地见识到沙漠的真面目。我与最著名的塔克拉玛干沙漠、塔里木沙漠、古尔班通古特沙漠共居一域,但始终没有真正见到过它们。它们就像传说中的巨蜥,时常留下足迹,却难见真形。

于是我经常在头脑里想象出这样一些画面:河与沙漠的关系如同一些生命之蛇与几只巨型蜥蜴之间的生死搏斗。河想包围沙漠,缠住它并消解它。沙漠固执地蹲伏在那里,愚蠢而又警觉,充满仇恨而冷酷无情,等待时机,随时准备猛地扑过去,并一口咬断它。

在河与沙的殊死搏斗中,夹在当中的是我们人。

人是多么灵性的动物啊。

我看到过西海固的作家王漫西的一段文字,是这样写的:"1972 年,西海固大旱,我去某村找一位烧窑师傅,村里人都说这师傅很诙谐。我问他祖籍在什么地方,他脱口而出:'天盖村。'在我准备告辞时,他说:'你是走州过县的人,咱这里人都说地球把把子(指把柄)快磨断了。'还说:'咱这里人说是苏联专家测出来的,正拿电焊机焊着哩。'

"'你还不相信吗,电焊机把天都烧红了,山干火燎的,牛赶到山里只吃空气不吃草。'

"'咱这里人说焊住了我们就不迁了,焊不住还要迁走哩。'

"'迁到哪里去呢?'

"'迁到日本去呢。哎呀,那日本人,人尕得很鬼大得很,尿下尿都是颗颗子尿素。'"

对着一朵花微笑

这一段精彩的对话正是大西北的缺水贫困地区的人民群众所独有的生态环境危机意识，也是由他们口头创造出的"魔幻现实主义文学"。在当今众多的有关生态环境的呼吁文字中，我没见过比这更多妙的。

烧窑师傅的想象力令人叹为观止。

夹在河流与沙漠之间的人，直到这时，才想起了树。

那些不会逃跑、不能移动的树，那些在人类兵团到达后像成群成片的俘虏等待砍伐的树，那些身材高大、枝叶俊茂但敌不过一柄斧锯的树，那些在微风中哗笑着本来想当人类的朋友却不断成为屠杀重点的树……及至想起，为时何晚！

现在怎么办呢？现在栽树吧！

树是人类的最忠实的朋友，但愿我们今后不再因为它们无言、不能移动而去任意伤害它们。在河流、沙漠和人三者之间，有了树，一切都会变得和谐起来。每一棵树其实都是一根伟大的"魔杖"——就像古老的神话中传说的那样。

至于河流，这养育生命和文明的保姆，除了近百年来遭受污染和破坏，过去在历史上可是一直受到热爱和歌颂的。一本书上说道："实际上，在成吉思汗后裔中，对流水的崇拜一直持续了很长时间。"直至今天，我依然记得中学时读过的题为《静静的顿河》卷首的那几句古歌——

哎呀，静静的顿河，你是我们的父亲！

哎呀，静静的顿河，你的水流为什么这样浑？

与你共品
yu ni gong pin

生态危机的话题原来可以写得如此有滋味，河与沙像蛇与巨蜥之间的搏斗，夹在其中的是人，河、沙、人，还不能结成稳固的链条，它需要树，树是"魔杖"，有了树，就有了清清河水，蓝天碧草，丰美的世界。而没有了树，一切都只能毁灭。

个性独悟
ge xing du wu

★为什么水与水几乎完全一样，奇怪的是河与河完全不一样呢？

★作者对沙漠是什么样的情感，何以见得？作者对河流是什么态度？

★其实本文是有象征意义的，那么河、沙、树分别象征了什么呢？

快乐阅读
kuai le yue du

高原，我的中国色／···乔 良

是东亚细亚。

东亚细亚的腹地，一派空旷辽远、触目惊心的苍黄。

亿万斯年，谁能说清从哪一刻起，不分季节，不分昼夜，不知疲倦的西风带，就开始施展它的法力？塔克拉玛干，古尔班通古特，巴丹吉林，乌兰布合……还有，腾格里。这些个神秘的荒漠呵，一股脑儿地，被那股精血旺盛到近乎粗野的雄风卷扬而起，向秦岭北麓的盆地侵压过来。

漫空里都是黄色的粉尘。

纷纷扬扬。飘飘洒洒。盆地不见了。凹陷的大地上隆起一丘黄土。黄土越积越厚，越堆越高。积成峁，堆成梁，又堆积成一大片一大片的塬。

这就是高原。黄土高原。

极目处，四野八荒，唯有黄色，尽是黄色。黄色。黄色。连那条从巴颜喀拉的山岩间夺路而来的大河，也暴烈地流泻着一川黏稠的黄色！

浑黄的天地间,走来一个黄皮肤的老者。看不清他的面孔,听不清他的声音,只有那被黄土染成褐色的长髯在被太阳喷成紫色的浮尘中飘拂……老者身后,逶迤着长长、长长一列只在身体的隐秘处裹着兽皮的男人和女人。

一棵巨大的柏树,便在这人群中生下根来。

轩辕柏。

所有黄皮肤的男人女人和他们的后人,都把这巨树称作轩辕柏。它的根须像无数手指深抠进黄土,扎向地心,伸向天际,用力合抱住整个儿的高原。

始皇帝横扫六合的战车,汉高祖豪唱大风的猛士,倚在驼峰上西出阳关的商旅,打着呼哨、舞着弯刀、浑身酒气的成吉思汗的铁骑,和五千年岁月一道,从这金子样的高原上骄傲地走过去,走过去,直到……

暮云垂落下来,低矮的天地尽头,走来一个小小的黑点。

一个军人。

他站在一架冲沟纵横、褶皱斑驳的山梁上。

天可真低。他想,一抬手准能碰到老天爷的脑门儿。

残阳把他周身涂成一色金黄。他伸出手臂,出神地欣赏着自己的皮肤。金黄的晖光从手臂上滑落下去,掉在高原上。一样的颜色。他想,我的肤色和高原一样。

豪迈的西风从长空飒然而至。他的衣襟和裤脚同时低唱起喑哑而粗犷的古歌。刹那间,他获得了人与天地自然、与遥远的初民时代那种无缝无隙的交合。是一种虚空又充实,疏朗又密集,渺小又雄大的感觉。

他不禁微微一笑。

然而,只一笑,那难以言喻的快感消退了。渐渐塞满胸臆的,是无边的冷漠,莫名的苍凉。竟然没有一只飞鸟,竟然没有一丛绿草。只有我,他想。我和高原。于是他又想,这冷漠、这苍凉不仅仅属于我,还属于遗落在高原上的千年长史。

一千年。

畏惧盗寇的商贾们抛离了驼队踩出的丝绸古道。面对异族的武夫们丢弃了千里烽燧和兵刃甲胄。一路凄惶,簇拥着玉辇华盖,偏安向丰盈又富庶的南方。

南方,绿油油、软绵绵、滑腻腻的南方。没有强烈的紫外线辐射,没有弥漫天际的黄沙烟尘,没有冰,没有雪,没有能冻断狗尾巴的酷寒,有丽山秀水、丝竹管弦,有妖冶的峨眉、婀娜的柳腰,有令人销魂的熏风、细雨……那叫人柔肠寸断的杏花春雨呵,竟把炎黄子民们威武剽悍的魂魄和膂力一并溶化!而历史,却在某个迷茫的黄昏,被埋进深深的黄土。

有多厚的黄土,就有多厚的奥秘的高原,每一只彩陶罐、每一柄青铜剑都会讲一个先民的故事给你听的高原,沉默了。陪伴它的,是一钩千年不沉的孤月。

唉,南方,南方。

他忽然想到了西方。当黄皮肤的汉子们由贫血而变得面色苍白时,麦哲伦高傲的船队刚刚在这颗星球上画完一圈弧线。野心勃勃的哥伦布,正携着西班牙国王致中国皇帝的国书,横渡大西洋,惊喜地打量着近在咫尺的新大陆。真是一群好汉子。有了他们,西方才后来居上。他感到胸口有一团东西被揪得发疼。

他看到斯文·海定、斯坦因、华尔纳们,正把成捆的经卷盗出敦煌,正把昭陵的宝马凿下石壁,而恭立一旁的黄种汉子,手里只有一杆能把自己打倒在地的烟枪!

他想喊。

他想站在最高的那架山梁上去,对着苍茫的穹隆嘶喊:

难道华夏民族所有的武士,都走进了始皇陵兵马俑的行列?

没有风。没有声息。高原沉默着。

一块没有精壮和血性汉子的土地是悲哀的。

他想起了他那些戴着立体声耳机、抱着六弦琴横穿斑马线的兄弟们。他们全都身条瘦长,脸色煞白,像一根根垂在瓜架上的丝瓜。他们要去参加这一年中的第三百六十七次家庭舞会吧?他们的迪斯科跳得真好。他们忧郁的歌声真动人。但,他们只从银幕上见过高原和黄土。他们不知道紫外线直射进皮肤和毛孔时的滋味,更不知道那黄土堆成的高原上埋着的古中国。

可那才是中国,那才叫中国。在病榻上呻吟了八百年,又被人凌辱了二百年,不是真正的中国。真正的中国是闪着丝绸之光、敦煌之光,修筑起长城,开凿出运河,创造了儒教、道教,融合了佛教等教,同化了一支支异族入侵者的中国。

真正的中国是一条好汉。

这裸着青筋、露着傲骨的高原也是一条好汉。

他真想把那些整天价只会怨天尤人的小白脸们都带到这里来,染他一身一脸的国色——黄帝、黄河、黄土高原的本色。让他们亲近一下泥土的纯朴和漠风的豪气。

他想,要使这片贫瘠的、失血过多的土地复苏过来,需要的是更强劲的肌肉,更坚硬的骨骼,更热的黄河一般湍急的血流。需要比麦哲伦和哥伦布们还勇健的如守护始皇陵的武士俑那样的壮汉。

他想，我也该是这样的汉子。

他想，有了这些男子汉，高原，这金子似的高原便不会死去。因为轩辕柏在这里扎着一根粗大的、深邃的根茎。

这个人，这个军人，就是我。

与你共品
yu ni gong pin

乔良，当代作家。这是一篇大气磅礴、充满阳刚之美、英雄之气的好文章。本文充满了这种神秘、新奇的氛围。全文从始而终高扬着爱国主义精神，忧他人所未忧之处比比皆是，这种大声疾呼，这种愤世嫉俗，令每一个热血男儿热血沸腾。

个性独悟
ge xing du wu

★作者用了怎样的手法表现先祖们在这里繁衍生息，用这种方法的好处有哪些？

★南方的丽山秀水本无可厚非，而作者"那叫人柔肠寸断的杏花春雨呵，竟把炎黄子民们威武剽悍的魂魄和膂力一并溶化"所表达的义愤是什么？

★文中三次提及秦始皇及武士俑，"始皇帝横扫六合的战车"，"都走进了始皇陵兵马俑的行列"，"如守护始皇陵的武士俑那样的壮汉"，作者所要表达的内容是什么？

三峡行/···刘思思

汽车，在柔情的细雨中奔驰着，好像有意要给我们的三峡游多制造点儿浪漫和诗情画意。一座座高大的山从车子两边飞速地掠过，路边的柳枝微微地点着头，像在热情地欢迎我们。

几个小时后，终于到达了第一站——坛子岭。这时空中仍飘着凉凉的雨丝。周围的山峦苍翠，笼在如烟似雾的小雨中，如同一个朦胧的童话。我饱吸了山中清纯的空气，微醉似的来到坛子岭顶端。放眼望去，山上飘着淡淡的岚气，那满山的绿透过迷离的小雨和朦胧的山岚呈现出来的是如痴如醉的美。这儿的天空辽阔深远，似乎要融掉它怀抱里的山和水。我被眼前这奇幻壮美的景象深深地倾倒了，人无语，心已醉。那正在施工的三峡大坝，威严地挺立在江水之中，有20层楼那么高，好一派雄伟景象，好一个气吞山河的工程啊！过去，源远流长的长江水速湍急，河床落差大，易造成特大洪灾。三峡大坝的建成，会使长江所蕴藏的巨大水力资源得到开发和利用，强大的电流将源源不断地输送到城市、村庄，输送到千家万户……

下一站是汉族与土家族聚居地的交界处——车溪。车子一路颠簸，把我们带到了这个山清水秀的地方。这里是另一派风景。绿水配青山，如梦似幻；两山之间，一带碧流，清澈而透明。于是温馨、愉悦的心绪像柔波般在我心底荡漾开来……随着汽车缓缓前进，我愈来愈感受到土家民族气息的浓厚。下车后，我们兴奋地四处游玩，爬山，游洞，观看土家人的民族歌舞表演。最令我流连忘返的当然是车溪民族艺术团的精彩表演了。最能牵动人心的是他们那清脆的嗓音。那甜美响亮，如银铃般的脆响，使我心中涌动着一种返璞归真、重拾野趣的心情。在这里，从古朴的村寨到民间工艺，从如画美景到风俗表演，都是土家族人民生活的浓缩和再现。

该走了，我留恋地回望着。我挥挥手，不想带走这儿的一片云彩，可是，车溪美丽的姿影却悄悄地跟随我而来，藏在我的心里。

【简评】

这是一篇游记,文章记述了游三峡坛子岭和车溪的经过,形象地描绘了两地的不同风光和宏伟的三峡工程风姿,同时也写出了三峡开发给当地旅游事业带来蓬勃发展的喜人景象。融情于景、情景相生。

登天柱山 / ···王 霄

天柱山位于安徽省潜县,海拔1400多米,被称为"古南岳"。

坐上索道至天柱山山腰,回首俯视,游人们无不被其秀丽风光所深深吸引。山间枝繁叶茂,蝉鸣鸟跃,空气湿润清新;没有喧闹与浮尘,有的是一份宁静与淳朴。

漫步于天柱山中,我不禁被这里的气息所感染,被大自然的博大胸襟所深深折服。

走过飘然而至的"六月雪",那一刻,我的心就像风中的浮尘,飘忽不定。空中弥漫着的似云似雾的白色气体,停驻在枝头,穿梭于树丛之间,环绕在人群当中……我仿佛也飘飘然,不知身在何处了。在"双掌承露"下,我采集着叶尖的滴滴露珠。那些晶莹可爱的小东西,沐浴着太阳光,折射出七彩斑斓的光。我终于登上海拔超过1000米的这天柱山第一峰,心里有说不出的高兴。下山的路上,觉得这山间潺潺的小溪、清脆悦耳的鸟叫、清香四溢的野花,都格外可爱。休息了片刻,我又自信地向另一座高峰走去……

登上天柱山第二高峰——天池峰,才发现,这里雾气更大;我们已完全被空中的云雾所包围,眼前全是白茫茫的一片。走过"渡仙桥",虽然由于云雾的阻隔,无法远观到天柱峰的"真容",但也无悔;起码也感受到了这大自然的特别馈赠。天上的云、地上的雾,缠成一片,混在一处;张嘴吸一口气,甜滋滋的;俯身望下去,尽是云气,云雾中有时也会透出山下的丝丝绿意,更显得意境深远。我仿佛置身于幻境当中,飘飘欲仙了。

休息了一段时间后,我们告别了西关之秀,开始向以险著称的东关迈进。

想念绿水青山

山路崎岖,阶梯陡峭,我们艰难地翻过"千山万岭",已感天旋地转。但真的是"无限风光在险峰",山间奇石密布,"双狮戏球""蜒蚰石"……我不禁感叹大自然的鬼斧神工。那惟妙惟肖的奇石,令人惊叹。

当一天的登山活动结束时,我已四肢疲软。上肢和下肢并用,恨不得做一回人类的祖先。但至今我仍忘不了那次登天柱山的经历,常常在饭后茶余,和家人、朋友谈起天柱山的美景奇观。我渴望有机会再上天柱山。

【简　评】

游记作者采用移步换景的写法,引导我们先看西关的天柱山第一峰,并描绘出第一峰的秀,再描绘出第二峰的云雾之浓,文章浓墨重彩地写西关之旅。作者给我们描绘出了一幅天柱山的风景画,有随作者亲临其境之感。

灵韵西湖水 / ··· 何哲纯

去西湖时已是 8 月,一片荷花已过了鼎盛时期,见不到"接天莲叶无穷碧,映日荷花别样红"的美景,而此时,白雪不肯光顾,亦无法目睹"断桥不断"的神奇……但西湖那一池多姿的水还是让我捕捉到了。

第一眼见到西湖,我就被她的大气、端庄所打动。那天的阳光并不强烈,是一个很难得的清新的夏日。宽广的湖面泛着微微的波澜向四周延伸,光自然地照在湖上,水波随风荡漾,追逐着阳光,两者竟配合得如此和谐。我突然觉得,西湖不是"秀美"可形容的。她不施粉黛,不靠桃红柳绿装扮,仅挥洒出一池的灵气,却足以让人们细细品味,兴致盎然。她的美不是细腻温柔,也比不上海,却有海纳百川的胸怀,否则她不会这样不急不躁、坦坦荡荡。什么人更可爱,我似乎有点儿明白了。

荡舟在西湖,听着船夫有节奏的划桨声,感觉到西湖浑厚的躯体;水经污染又经治理终于很清,但见不到底。西湖绝不浅薄,毕竟是古往今来文人

对着一朵花微笑

墨客的挚友,西湖里沉淀了太多的文化底蕴。从小就听说西湖畔白蛇娘娘和许仙的浪漫传奇,至今仍认为这样的故事只能由西湖水记取,也只有西湖水才能理解。

把手伸进水中,手随着船的前进穿梭在湖中——凉爽、惬意。不知西湖是什么感受。她该不会介意我的行为吧?我仿佛从水的波纹里看到她的笑靥——快乐的、澄净的。西湖水有别于其他或冷峻或活泼的水,她有一种明朗、聪慧的气质。清清的水带着理解,灵巧地映照出人们的心情。她能静静地听你的故事,却不忘给你一个波澜作为回应。有心人能够读懂,就在湖水的表面荡漾着一道道细细条纹,西湖将它们织起来,也许代表复杂的人际网,也许代表简单的道路,也许……但只有同西湖"心有灵犀"才能"一点通"。

游西湖,一切尽在不言中。个中滋味,只能用心慢慢咀嚼。

【简 评】

作为名胜的西湖可以"入画"的很多,作者选取了其最有代表性的是西湖水,以灵动之笔将西湖水之灵韵一一记取。水是有灵性的,而将这灵性之物用笔勾勒描画出来,使读者也沾有了灵气之光。

周庄印象 / ···倪小漪

一提周庄,人们大概就会想起陈逸飞的名画《双桥》两座弯弯的石拱桥静静地架在波澜不惊的河面上,细致得就如古代仕女的眉黛一般;而斑驳的桥身与沿河沉郁的木阁楼则让人感受到一种浓厚的历史文化气息……于是,周庄在人们的心目中随着《双桥》的印象而成为一幅微微发黄的丝帛上的山水。

我去周庄的时候,恰是初秋。秋雨蒙蒙,小小的石子路经雨水的浸润,光滑透亮。墙根处的几株小草舒展开了,为小街平添了几分绿意。在周庄,几乎有街必有水,小街旁那条瘦瘦的小河弯弯曲曲的,就像谁人拿着一条绿绸子在抖啊抖的。

我们雇了一条小船,在河中缓缓向前。这里是多么宁静,只听得见橹声和回荡在空气中的悠扬的评弹。我们沉浸在这恬静的氛围中,凝神屏息,只顾欣赏河岸风景。

周庄的小巷确实多,与苏州相比也不会逊色,而且每条小巷都有韵致,像一首首含蓄优美的小诗。从船上望去,每条小巷似乎都有"疑无路"之忧,其实只需一折一弯,就是"柳暗花明"又一巷。巷巷相连,巷巷相通,巷巷通水……这使周庄又多了一份神秘与含蓄。小巷两边,沿河的多是一些旧式建筑。院中多植绿树,把它们遮掩了,只稍稍露出些线条,依稀还可辨出一角。一片黑,那是飞檐;一抹明亮,那是木格窗,给人一种"庭院深深深几许"的感觉。仿佛戴望舒笔下的《雨巷》中那位素雅的姑娘,随时会撑着油纸伞从小巷深处款款走来……

人随船走,渐渐地,双桥到了。这正是我脑海中的双桥:两桥相连,桥面一横一竖,桥洞一方一圆,悠然地卧在水面上;一株弯曲的枸杞正从桥石的缝隙里探出身来,吐出点点翠绿。桨儿轻摇,划破了宁静的水面,两岸临河水阁的粉墙绿窗上映出道道水纹光晕。

不知不觉中船已靠岸。由于这里是著名景点,人也多了些。桥两边有不少出售纪念品的小店,都是当地居民开的,店主们只是微笑地看着你,轻轻地和你交谈,似乎他们原本并不是做买卖,而是在休闲,在怡然地欣赏双桥的美……

登上双桥,我向四周望去。如果说一开始周庄给我的感觉是幽雅与神秘,那么现在则多了几丝人间烟火之气,它的小船、小桥、小河以及它的人们都那么朴素,温婉。所以在周庄你会很容易地与之融为一体,心灵的焦躁会被它的平和、亲切抹淡,从而获得极大的慰藉。

我站在双桥上,品味着周庄的一景一物,陶醉在它那母亲般亲切、温柔的水光中。

【简 评】

这篇游记写出了周庄特有的个性,周庄的水多,弯弯曲曲的小河是"一条条绿绸子",周庄的小巷多,幽深古雅,令人想起戴望舒笔下的《雨巷》,想起江南仕女画,周庄的桥多,那是从容架在心灵上的景致,是人与自然完美组合的承载体。

走进那片山野

聆听大自然

风
光
卷

就是走进心灵的伊甸园

风依旧吹动着，

含蓄的落叶，

有蝶在你左右飞舞，

山野平和地呼吸，

那呼吸中了无纤尘，

只有一支悠扬的

古歌在回荡……

快乐阅读 kuai le yue du

乡村的黄昏 / ···佚 名

初次来到这座陌生的村子，不堪长途跋涉的疲惫，借宿于一所农家茅屋内午睡。不晓得一觉醒来，已是黄昏时分了，我便步出小院，悠然地漫步于乡村各处。

抬头仰望，原来炙热灼面的太阳公公，围着天空奔波了一天，早已乘坐着彩霞车，降下西山歇息去了。妩媚皎洁的月亮姑娘，大概正在梳洗打扮，才不将容颜露出，使得天空变得如此迷蒙。而那向来喜欢眨眼睛的星儿，为什么也没有出来，是不是彼此在玩捉迷藏？

一对娇小玲珑的燕子，忽地从天空中飞回了屋檐下自己心爱的巢里。机灵的小脑瓜儿四处张望，还不时露出肚皮底下的雪白柔毛，抖一抖墨黑的羽翅，似乎是在掸去一天的劳累。

花藤下，几只花脚蚊子哼哼着飞舞，招引来了草丛中的天才音乐家——蟋蟀们的兴趣，一起敲锣打鼓唱了起来，简直成了一个露天音乐会！

不远处是条小溪，清澈的溪流淙淙地淌过，一遍又一遍地冲刷着大大小小、形态各异的鹅卵石。一阵黄昏的清风吹过，撩起了溪水的清爽，真令我陶醉了……

我想睁大眼睛看清楚这一切，无奈黄昏下的朦胧，却使小溪变得愈加神秘起来……

周围人家的烟囱里，袅袅的炊烟开始逐渐减少了，也就少了几位翩翩起舞的白衣仙子。而多起来的，是那些草草吃过晚饭的顽皮的孩子：三五成群地聚在一起，在微微昏暗的光线下，做着各种有趣的游戏。就连看门的老狗也不甘寂寞，不时地凑上前去，闻闻这个，嗅嗅那个，除非是被一只沾满泥土的胖乎乎

对着一朵花微笑

的小手推开,它才会安静地趴在地上,瞅着那整天忙碌个不停的蚂蚁……

我望着黄昏笼罩下的村子, 一颗曾在城市里久经压抑的心顿时坦荡了许多。想与黄昏陪伴的时间长些,可不知不觉中,月光婆娑的夜幕拉开了……

与你共品
yu ni gong pin

乡村的黄昏,美意朦胧。娇小玲珑的燕子已归爱巢,清风扑面,溪流淙淙,孩子们无忧无虑地玩耍,天才音乐家们的音乐会……一切都是那么令人心醉。

个性独悟
ge xing du wu

★第二段是从什么角度来写景的?"原来炙热灼面的太阳公公,围着天空奔波了一天,早已乘坐着彩霞车,降下西山歇息去了"。此句照应上文哪个句子?

★请分别用四个字概括出山村景象的四幅图。

★文章写乡村黄昏突出了什么特点?文章在写黄昏下人与自然的微妙变化,既有物体形态的描摹,还有什么?文章写黄昏的景物时从哪几个方面进行生动切实的描写?

★读此文你有怎样的感受,请用生动的比喻描述出来。

快乐阅读
kuai le yue du

阳关雪（节选）/ ··· 余秋雨

我曾有缘，在黄昏的江船上仰望过白帝城，顶着浓烈的秋霜登临过黄鹤楼，还在一个冬夜摸到了寒山寺。我的周围，人头攒动，差不多绝大多数人的心头，都回荡着那几首不必引述的诗。人们来寻景，更来寻诗。这些诗，他们在孩提时代就能背诵。孩子们的想象，诚恳而逼真。因此，这些城，这些楼，这些寺，早在心头自行搭建。待到年长，当他们刚刚意识到有足够脚力的时候，也就给自己负上了一笔沉重的宿债，焦渴地企盼着对诗境实地的踏访。为童年，为历史，为许多无法言传的原因。有时候，这种焦渴，简直就像对失落的故乡的寻找，对离散的亲人的查访。

文人的魔力，竟能把偌大一个世界的生僻角落，变成人人心中的故乡。他们褪色的青衫里，究竟藏着什么法术呢？

今天，我冲着王维的那首《渭城曲》，去寻阳关了。出发前曾在下榻的县城向老者打听，回答说："路又远，也没什么好看的，倒是有一些文人辛辛苦苦找去。"老者抬头看天，又说，"这雪一时下不停，别去受这个苦了。"我向他鞠了一躬，转身钻进雪里。

一走出小小的县城，便是沙漠。除了茫茫一片雪白，什么也没有，连一个皱褶也找不到。在别地赶路，总要每一段为自己找一个目标，盯着一棵树，赶过去，然后再盯着一块石头，赶过去。在这里，睁疼了眼也看不见一个目标，哪怕是一片枯叶，一个黑点。于是，只好抬起头来看天。从未见过这样完整的天，一点儿也没有被吞食，边沿全是挺展展的，紧扎扎地把大地罩了个严实。有这样的地，天才叫天。有这样的天，地才叫地。在这样的天地中独个儿行走，侏儒也变成了巨人。在这样的天地中独个儿行走，巨人也变成了侏儒。

天竟晴了,风也停了,阳光很好。没想到沙漠中的雪化得这样快,才片刻,地上已见斑斑沙底,却不见湿痕。天边渐渐飘出几缕烟迹,并不动,却在加深,疑惑半晌,才发现,那是刚刚化雪的山脊。

地上的凹凸已成了一种令人惊骇的铺陈,只可能有一种理解:那全是远年的坟堆。

这里离县城已经很远,不大会成为城里人的丧葬之地。这些坟堆被风雪所蚀,因年岁而坍,枯瘦萧条,显然从未有人祭扫。它们为什么会有那么多,排列得又是那么密呢? 只可能有一种理解:这里是古战场。

我在望不到边际的坟堆中茫然前行,心中浮现出艾略特的《荒原》。这里正是中华历史的荒原:如雨的马蹄,如雷的呐喊,如注的热血。中原慈母的白发,江南春闺的遥望,湖湘稚儿的夜哭。故乡柳荫下的诀别,将军圆睁的怒目,猎猎于朔风中的军旗。随着一阵烟尘,又一阵烟尘,都飘散远去。我相信,死者临亡时都是面向朔北敌阵的;我相信,他们又很想在最后一刻回过头来,给熟悉的土地投注一个目光。于是,他们扭曲地倒下了,化作沙堆一座。

这繁星般的沙堆,不知有没有换来史官们的半行墨迹?史官们把卷帙(zhì)一片片翻过,于是,这块土地也有了一层层地沉埋。堆积如山的二十五史,写在这个荒原上的篇页还算是比较光彩的,因为这儿毕竟是历代王国的边远地带,长久担负着保卫华夏疆域的使命。所以,这些沙堆还站立得较为自在,这些篇页也还能哗哗作响。就像干寒单调的土地一样,出现在西北边陲的历史命题也比较单纯。在中原内地就不同了,山重水复、花草掩阴,岁月的迷宫会让最清醒的头脑胀得发昏,晨钟暮鼓的音响总是那样的诡秘和乖戾。那儿,没有这么大大咧咧铺张开的沙堆,一切都在重重美景中发闷,无数不知为何而死的怨魂,只能悲愤懊丧地深潜地底。不像这儿,能够袒露出一帙风干的青史,让我用二十世纪的脚步去匆匆抚摩。

远处已有树影。急步赶去,树下有水流,沙地也有了高低坡斜。登上一个坡,猛一抬头。看见不远的山峰上有荒落的土墩一座,我凭直觉确信,这便是阳光了。

树愈来愈多,开始有房舍出现。这是对的,重要关隘所在,屯扎兵马之地,不能没有这一些。转几个弯,再直上一道沙坡,爬到土墩底下,四处寻找,近旁正有一碑,上刻"阳关古址"四字。

这是一个俯瞰四野的制高点。西北风浩荡万里,直扑而来,踉跄几步,方才站住。脚是站住了,却分明听到自己牙齿打战的声音,鼻子一定是立即冻红了的。哈一口热气到手掌,捂住双耳用力蹦跳几下,才定下心来睁眼。这儿的雪没有化,当然不会化。所谓古址,已经没有什么故迹,只有近处的烽火台还在,这就是刚才在下面看到的土墩。土墩已坍了大半,可以看见一层层泥沙,一层层苇草,苇草飘扬出来,在千年之后的寒风中抖动。眼下是西北的群山,都积着雪,层层叠叠,直伸天际。任何站立在这儿的人,都会感觉到自己是站在大海边的礁石上,那些山,全是冰海冻浪。

即便是土墩、是石城,也受不住这么多叹息的吹拂,阳光坍弛了,坍弛在一个民族的精神疆域中。它终成废墟,终成荒原。身后,沙坟如潮,身前,寒峰如浪。谁也不能想象,这儿,一千多年之前,曾经验证过人生的壮美,艺术情怀的弘广。

这儿应该有几声胡笳和羌笛的,音色极美,与自然浑和,夺人心魄。可惜它们后来都成了兵士们心头的哀音。既然一个民族都不忍听闻,它们也就消失在朔风之中。

回去罢,时间已经不早。怕还要下雪。

与你共品
yu ni gong pin

　　史书的记载和文人的咏唱,留下了名声大噪的阳关古址。作者把它作为心中向往已久的故乡,在一个大雪茫茫的日子里孤身一人前往寻访。文章细腻地记叙了作者一路上的感受和遐想,也让读者领悟了一番阳关雪的风光。

个性独悟
ge xing du wu

　　★怎样理解我询问阳关时老者的一番话?
　　★"钻进雪里"的"钻"说明了什么?"连一个破褶也找不到",说明了什么?"天竟晴了"的"竟"说明了什么?

对着一朵花微笑

★"如雨的马蹄,如雷的呐喊,如注的热血"所描绘的画卷是什么?"中原慈母的白发,江南春闺的遥望,湖湘稚儿的夜哭"描绘的画卷是什么?

★本文写的是雪中游阳关,那么第一段的文字写的却是仰望白帝城、登临黄鹤楼、夜摸寒山寺,作者写此的目的是什么?为什么要用"仰望""登临""夜摸"?

快乐阅读
kuai le yue du

延安武鼓 /···银 笙

　　中国人的生活,总是与锣鼓连在一起的。喜庆时敲鼓,结婚时敲鼓,办丧事也敲鼓。因而,敲鼓也就成为一门学问、一种专利,随着师徒的承袭,一代一代地传下来。

　　要说打鼓,哪里的也没有延安的有特色。那些专家们搜肠刮肚,终于想出"延安武鼓"这个词儿,那"武"字的确写尽了延安打鼓的特色。不知从什么年代起,延安武鼓就流传下来。当然,那时并不划分什么文鼓和武鼓。一群群茂腾腾的后生,从黄土高坡上、从黄土山沟里边敲边打地走出来,走出自己富有特色的舞步,打出自己富有节奏的鼓点儿。繁衍生息,流传至今,延安武鼓逐渐形成三个流派:安塞腰鼓、洛川蹩鼓、宜川胸鼓。

　　要说"武",从装束上来讲,便都是些武士打扮。洛川蹩鼓的鼓手们,一色的横眉豹眼,头戴方巾,背插古戏上武将的小旗,全然一种将士风度。宜川胸鼓尽管有男女之分,但都是头扎英雄巾,佩戴武士缨,胸打英雄结,脚穿登山鞋,紧袖裹腿,洒脱不俗。

"武"不只在装束上,更在内涵。延安武鼓矫健刚劲,热情奔放,挟裹着黄土高原的狂风,带着边疆战马的嘶鸣,蕴藏着壶口瀑布的咆哮,闪现着七月暴雨的雷霆……当安塞腰鼓在电视屏幕上一出现,立即征服了亿万观众。那些在生活的湖泊中安静惯了的人们,被安塞腰鼓激励着、感染着,坐不宁,站不住,恨不得立即加入那狂奔的行列,去跳、去奔、去踢、去翻。

你可能还没领略过洛川蹩鼓的风采,就像是从天而降的一群天兵天将,人人腰前缠一面大鼓,红色的鼓槌上下翻飞。鼓手们一面打,一面蹩(跳),时而聚合,时而分散,万鼓齐鸣,万箭齐发,万旗齐展,把一个眼红的厮杀摆在你面前。

武士有武士的勇猛,也有武士的柔情。你看那宜川胸鼓,武士的身上全扎着彩色的花。鼓手左手握硬木槌,右手持牛皮软槌,软腰、合腿、踢腿、转身、连环打、转脖打、围腰打,把狠劲、狂劲、猛劲、虎劲全融入优美精湛的舞姿之中,柔中有刚、刚中有柔,花而不乱,妙趣横生。

延安武鼓,曾轰动华夏。亚运会上,安塞腰鼓倾倒外国观众;在全国首届民间秧歌大赛中,延安三鼓沸腾了沈阳城。

一方水土养一方人。延安武鼓以它的"狂"和"野"展示了黄土高原的天然属性。几千年来,高原就是一个战场。这里既是兵家争战之地,也是民族杂居的场所。汉、匈奴、西夏、回、羌、蒙古等诸族在这里交往,农耕文化与游牧文化在这里交流,亲情与仇恨同时生长,终于养育出既具有农耕文明又具有马背狂野的独特的高原人。从远处看,秦皇、汉武以他们的雄才大略,留下了震惊寰宇的秦直道和黄帝庙里的挂甲柏。蒙恬、李广的征战,范仲淹、狄青的壁垒,使高原的历史增添了许多悲壮色彩。李自成、张献忠起义,把高原人不愿受压迫和奴役的倔强性格表现得淋漓尽致。举世闻名的杨家岭,原来是埋葬明代兵部尚书杨兆的陵墓,本名杨家陵,后来,党中央驻扎在这里,才改名为杨家岭。在风起云涌的中国革命中,刘志丹、谢子长揭竿而起,一直到抗日战争和解放战争,延安成为革命战争的总司令部。高原人崇文尚武的个性,深深地渗透进延安武鼓之中。因而可以说,延安武鼓是激越强劲的阳刚之气,是坚强勇敢的北国之魂。

咚咚咚咚,豪放的鼓声,疯狂的鼓声,鼓手们一上场,就忘了天,忘了地,忘了一切存在。他们像站在高山之巅,尽可以呼风唤雨,尽可以扭转乾坤。这种自信和气魄,我敢说,是没有任何艺术门类可以比拟的。这是黄土地文化的特有现象,还是人类的返璞归真?我说不清。我只是想,倘若让这种文化氛围熏陶一代又一代华夏人,用这气质去实现变革,高原定会是另一种风貌的。

与你共品
yu ni gong pin

　　本文从介绍延安锣鼓入手,分别介绍了安塞腰鼓、洛川蹩鼓、宜川胸鼓的特点。文章抓住一"武"字,描绘出了延安武鼓恢宏的丰采和巨大的影响力,特别是把延安武鼓的风格与我国古代英雄豪杰的业绩,与我国革命的历史联系起来,又把打鼓人民的豪迈气魄与气质,提高到"北国之魂",提高到文化意义上思考与认识,揭示中华民族的豪迈气概,这就是以小见其大了。

个性独悟
ge xing du wu

　　★《延安武鼓》一文从哪几个方面来写"武"的特色?《延安武鼓》一文写了一些什么内容?为什么说"延安武鼓是激越强劲的阳刚之气,是坚强勇敢的北国之魂"呢?
　　★延安武鼓分为三个流派,这三个流派的各自特点是什么?
　　★本文通过写延安武鼓寄托了作者怎样的思想感情?

我还没有见过长城 / ···吴伯箫

真惭愧,我还没有见过长城。

记得六年故都,我曾划过北海的船,看那里的白塔与荷花;陶然亭赏过秋天的芦获,冬天的皓雪;天桥,听云里飞,人丛里瞧踢毽子的,说相声的;故宫与天坛,我赞叹过它的壮丽和雄伟;走过长长的西长安街,与挤满了旧书及古董的厂甸;西郊赶过正月十五白云观的庙会,也趁三月春好游过慈禧用海军军费建造的颐和园,那里万寿山下有昆明湖,湖畔有铜牛骄骞,东郊南郊都作过漫游,即无名胜,近畿小馆里也可以喝茶,吃满汉饽饽。还有走走就到的东安市场,更是闲下来的大好地方。可是,六年,西山温泉我都去过,记得就没去什刹海。为此,离开了故都曾被人嫌弃说"太陋"。说:"什刹海都没逛过,还配称什么老北京!"当时真也闭口无言。有一年发狠,凑巧有缘重返旧京,记得还没有进旅馆的门就雇好了去什刹海的车子。夏天,正赶上那里热闹:地摊子戏,搭台的茶座,直挨着访问了个足够。印象仿佛并不好,心头重负却卸去了。记得第二天,才有空去文津街,进图书馆。

现在想:什刹海不见算什么呢?没去看长城才是遗憾!啊,万里长城!去北京只不过几个钟头的火车。

万里长城,孩提时的脑子里就早已印上它伟大的影子了。读中国古代史,知道战国时候,魏惠王、燕昭王、胡服变俗的赵武灵王,都曾段落地筑过长城,来卫国御胡;秦始皇遣蒙恬驱逐匈奴之后,又因地形,制险塞,从临洮至辽东将长城来了个联络的修筑,广袤万余里;工程的浩大,那不是隋朝的运河、非洲的苏伊士所能比拟的。秦始皇焚书坑儒,建阿房,销兵器,千百年来在人们的脑子里留下的是一个暴君的影子。独独万里长城至今亮在祖国人民的心里,矗立在祖国连绵的山上,成为四千余年文明古国的标志。这不是因为万里长城是秦始皇的什么丰功伟绩,而是因为它是几千万古代劳动人民血肉的结晶!

曩昔,在万年书屋,听主人告诉:有一次乘京绥车,过南口车站,意欲去青龙桥,偶尔站台小立,顺了一目荒旷的山麓望去,遥瞻依地拔天的万里长城,那雄伟的气象,使你不觉要引吭高呼。巍峨的山巅上是蜿蜒千回的城墙,是碉堡,是再上去穹隆似的苍天。山下是乱石,是谷壑,是秋后的蔓草婆娑。西风刷过,那一脉萧萧声响、凄凉里含了悲壮,令人巍然独立,觉得这世间只有自己,却已忘怀了自己。很记得,主人说时,从沙发椅上跳起来,竖起大拇指,蔼然的脸上满罩了青年的光辉。记得从万年书屋出来的归途,披了皎洁的三五月,自己迈的是鸵鸟般的大步。

又一回,一个青年画家朋友,谈到自己绘画的进步,说几乎像英国拜伦一觉醒来成了桂冠诗人一样,是逛了一次长城,才将笔法放开,心胸也跟着宽阔了的。那谈吐的神情,也简直令人疑惑他生生吞下了一座长城的关口。是呢,听说太史公司马迁周览了名山大川,文章才满蕴了磅礴的奇气。江南风物假若可以赋人以清秀的姿容,艳丽的辞藻,塞北的山峦与旷野是会给人以结实的体魄,雄厚的灵魂的。啊,长城!

从山海关一路数去,你知道吗?像喜峰口、古北口,像居庸关、雁门关,一个个中原的屏藩要塞,上口真要有霹雳般的响亮呢。一夫当关,万夫莫敌,守得住一处,就可保得几千里疆域。啊,真愿意挨门趋访,去问问古迹,温温古名将的手泽,从把守关口的老门丁和城下淳朴的住户那里,听取一点孟姜女的传说,金兀术与忽必烈的史实。但是我还没去!

朋友,你可想过,在长城北边,那黄河九曲惟富一套的地方,带一帮苗壮的男女,去组织一处村落,疏浚纵横支渠,灌溉田亩,作一番辟草莱斩荆棘的开垦事业吗?那里地土最肥,人烟还稀。你可想过,在兴安岭的东南阴山山脉的南部那一抹平坦的原野,去借滦河、饮马图河的流水,春夏来丰茂的牧草,来编柳为棚,垒土为壁,于"马圈子"里剔羊毛,养骆驼,挤牛奶吗?那工作顶自由,顶洒脱。不然,骑马去吧!古北口的马匹有名哩。凑煦日当头,在平沙无垠的原野里,你尽可纵身于野马群中,跨上一匹为首的骏骥,其余的会跟你呼啸而至的。不要怕那嚎嚎嘶声,那不是示威,那是迎迓的狂欢,你就放胆驰骋奔腾吧,管许将你满怀抑郁吹向天去。"毡幕绕牛羊,敲冰饮酪浆",那边塞寒冬霏雪凝冰时的生活,你也想尝尝么?住蒙古包,烤全羊,是有它的滋味的。汉王昭君曾戎装乘马抱琵琶出塞而去;文姬归汉,也曾惹得胡人思慕,卷芦叶为吹笛,奏哀怨的十八拍。巾帼中有此矫健,难道你堂堂须眉就只知缩了尾巴向后退吗?

唉,说什么,朋友,我还是没见过长城!在恨着自己,不能像大鹏鸟插翅飞去;在恨着自己,摆不脱蜗牛似的蹊径,和周身无名的索链。投笔从戎倒好,可惜没有班仲升的韬略。景慕张骞,景慕马援,但又无由出使西域,去马革裹尸。奈何!呛,"匈奴未灭,何以家为!"汉骠骑将军霍去病那才算有骨头!无怪他六出伐匈奴,卒得威震异域。

我还没见过长城!但是,长城我是终于要见见的!有朝一日,我们弟兄从梦中醒了,弹一弹身上的懒惰,振一振头脑里的懵懂,预备好,整装出发,我将出马兰峪,去东北的承德、赤峰;出杀虎口,去归绥、百灵庙;从酒泉过嘉峪关,去安西、哈密、吐鲁番。也想,翻回来,再过过天下第二关,去拜拜盛京,问候问候那依旧的中国百姓!

长城,登临匪遥,愿尔为祖国屏障,壮起胆来!

与你共品
yu ni gong pin

　　文章以"我还没有见过长城"来介绍长城,构思十分精巧而出人意料。作者并不局限于某一处的长城,而是以上下四千年、横贯一万里的长城作为对象,文章一方面表达了作者对长城的向往和热爱,同时也勾画了祖国整个北方千里江山的富饶与美丽以及对祖国悠久历史的热爱。

个性独悟
ge xing du wu

　　★孩提时作者脑子里的万里长城是什么样子的?"没有看长城才是遗憾!"你认为作者为什么会遗憾?
　　★你觉得作者想通过"长城"来写什么?

对着一朵花微笑

★作者把一股豪迈的气势倾注于字里行间，抒发了作者怎样的思想感情？

快乐阅读
kuai le yue du

拾天籁 / ···叶恩忠

走进那片山野，就是走进心灵的伊甸园。

山峦层层叠叠的绿，湖泊深深浅浅的蓝，阳光斑斑驳驳地渗进树林闪闪烁烁，野花或浓或淡满草地涂抹。一切都是美的。

静静仰望云天，内心有着遮掩不住的愉悦。我像无知无欲的树丛，不再留意时间的流逝，忘却速朽与永恒、尊贵与卑贱。那是真正的自由。

亘古以来，生命在环境的变迁中面临种种茫然的选择和困窘的挣扎。现在，我感到享受自然，再也不是那么虚幻，而是如此真切。

谛听风在林梢徜徉的足音、溪涧疏密有致的弹奏以及若有若无的鸟鸣，心，受洗一般，涤去尘俗的烦忧，只想和着天籁低吟。

走进那片山野，可以快乐如风。我是自然之子。

太阳越升越高，到处是云开雾散后的清朗。

然而，那一段山谷是旭光照耀不到的地方，留一角幽暗，像荒草般落寞。荆棘和蒿草遮掩着一沟的黯然，好让人遗忘，只准备着到另一个季节疯长。

却有一道山涧在幽暗中奔流，落水银亮，水花雪白，像在幽暗中点起灯盏，垂挂一帘皎洁于天地之间。跌落时激起的声响，撕开阴郁的时光。

这纷乱的世界，总有平衡颠覆后的和谐。

自然山水,有着无处不在的平凡哲理。

一些草可以勒毙另一些草,一些花可以吞噬另一些花,一些藤萝可以缠死一棵大树。

一些朽树可以长出彩菇,一些花卉可以随着时辰变换颜色、随着声音吐露芬芳,更多的草可以以一季的枯黄滋养又一季青葱。

我陶醉于这些花草之事,陶醉于生物链的浓烈诗意,陶醉于关于自然的传奇故事。

疲惫的黄昏,扑倒在一片花草地上,我的心境归于平静和安宁。在蝴蝶款款的舞影里,我开始自由自在地轻松呼吸,并且,很奇怪,一切不快和思绪在瞬间消失得无影无踪。

人生的不幸、羞耻的经历,常常是心的最深处的疼痛。忧伤无从言说。所有能说的,即使说了也于事无补。有泪往肚里流。真心付出,换来的只是虚假的盟誓和承诺。投入越多,失落感越强。每一个打击,都使得善良、诚实的心遭受重创,补救无从下手。心中的阴影让阳光无奈。连报复都无从下手,累积下的是难以化解的愤恨。

所幸,扑倒在一片花草地上之后,我的心境归于平静和安宁。带着花草清香的微风吹过的时候,心中的阴霾随风四散,我只想化作蝴蝶轻盈云游。

轻轻地踏着,怕惊扰了一个酣睡的梦。

树木莽莽苍苍,枝叶遮天,浓荫匝地,静谧得令人屏息。

那是地球同纬度上不可多得的一片原始森林,植被保持着存活时最初的面貌,让人丰收到漫长的时光。

时光消逝意味着一种死亡。这种死亡却是另一种生的代价。树木栉风沐雨生长。树木的年轮里镌刻着时光走过的足迹。树木挺拔葳蕤的样子就是时光的雕塑。它告诉我们,什么才是最浩瀚的生命、最深邃的历史以及最有激情的诗与最异彩纷呈的画的起源。

那是多少时光造化之功?地球上还有几多这样未被人类破坏过的处女地?

但凡把脚步踏得更轻更轻。

只要抬头仰望星空,心就会一阵阵战栗。

宇宙无边无际的浩瀚,无始无终的永恒,无以言说的神秘和美丽,让人深深畏惧并且虔诚敬仰。

最黑暗的深处正有无数个太阳在熊熊燃烧,所有恒星的光芒都不足以照亮整个宇宙。最寂静的时刻,太阳黑子在爆发,流星雨在爆发,超新星在爆发。

无形的风在无垠的界域穿巡,权且放逐想象随之浪漫遨游。

在揭开宇宙的全部面纱之前,人类都不配大言智慧,睁开的眼睛都只蒙眬懵懂。

飞离地球,去遥远的太空一游,人类才会有更广阔的视野和全新的认知,进而才会有更广阔的胸襟和全新的情怀。

地球渺小,生命短暂,地球人还张狂什么?昂起头颅,倾听苍穹垂训。

与你共品
yu ni gong pin

"天籁"是自然之声,大自然的声响。在经受了人世的纷纭与争扰之后,投身于大自然,整个身心都受到了洗涤与净化。由此,作者写出了自己的体会与感悟。

全文可以分为两个大的部分。一部分写从大自然中受到的净化,另一部分由此拓展,写从宇宙中感受的浩渺与永恒。最后总结起来,点明我们每一个人都应该从大自然与宇宙中,得到一些有益的启迪,从而对自己的作为做一些反思。

文章对大自然美好景色的描写,细致而优美,具有很强的感染力。

个性独悟
ge xing du wu

★为什么说,在那片山野里,才是"真正"的自由?怎样理解文章中所说"自然山水,有着无处不在的平凡哲理"?"我只想化作蝴蝶轻盈云游"表达作者怎样的思想感情?

★作者为什么说"只要抬头仰望星空,心就会一阵阵战栗"?应该怎样理解"在揭开宇宙的全部面纱之前,人类都不配大言智慧,睁开的眼睛都只蒙眬懵懂"?

★为什么"飞离地球,去遥远的太空一游,人类才会有更广阔的视野和全新的认知"?

快乐阅读
kuai le yue du

读沧海 / · · · 刘再复

　　我读着海。我知道海是古老的书籍,很古老很古老了,古老得不可思议。

　　原始海洋没有水,为了积蓄成大海,造化曾经用了整整十亿年。造化天才的杰作啊,十亿年的积累,十亿年的构想,十亿年吮吸天空与大地的乳汁。雄伟的横贯天地的巨卷啊,谁能在自己的一生中读尽你的丰富而博大的内涵呢?

　　有人在你身上读到豪壮,有人在你身上读到寂寞,有人在你心中读到爱情,有人在你心中读到仇恨,有人在你身边寻找生,有人在你身边寻找死。那些自沉海底失败的改革者,那些越过怒浪向彼岸进取的冒险家,那些潜入深海发掘古化石的学者,那些耳边飘忽着丝绸带子的水兵,那些驾着风帆顽强的表现自身强大体质的运动健将,还有那些仰仗着你的豪强铤而走险的海盗,都在你这里集合过,把你作为人生拼搏的舞台。

　　你,伟大的双重结构的生命,兼收并蓄的胸怀:悲剧与喜剧,壮剧与闹剧,正与反,潮与汐,深与浅,珊瑚与礁石,洪涛与微波,浪花与泡沫,火山与水泉,巨鲸与幼鱼,狂暴与温柔,明朗与朦胧,清新与浑浊,怒吼与低唱,日出与日落,诞生与死亡,都在你身上冲突着,交织着。

　　啊!雨果所说的"大自然的双面像"。你不就是典型吗?

　　在颤抖的漫长岁月中,不知有多少江河带着黄土污染你的蔚蓝,不知道有多少狂风带着大陆的尘埃挑衅你的壮丽，也不知道有多少巨鲸与群鲨的尸体毒化你的芬芳，然而，你还是你，海浪还是那样活泼，波光还是那样明艳，阳光下，海水还是那样清。不是吗？我明明读到浅海的海底，明明读到沙，读到礁石，读到飘动的海带。

啊，我的书籍，不被污染的伟大的篇章，不会衰老的雄奇的文采。我终于找到了灵魂———一种伟大的力量，一种比海上的风暴更伟大的力量，这是举世无双的沉淀力与排除力。这是自我克服与自我战胜的蔚蓝色的奇观。

与你共品
yu ni gong pin

文章把大海比作一本书，一本古老的书。读者在赞叹海的古老和博大时，赞叹的是一种像海一样的精神，一种能兼收并蓄，并能克服自我、战胜自我的精神。因为这种精神能化腐朽为神奇，这种精神才能不断地向前发展。

个性独悟
ge xing du wu

★这篇散文主要运用了哪些修辞手法，请举例说明。

★作者在第三段中写了读"沧海"的六种情况和看到的六种人，请联系实际举两个例子。

★请从第四段中找出一个能概括第六段表达内容的词语。

快乐阅读
kuai le yue du

听雨的乐趣/ ··· 夏 潇

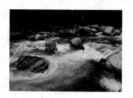

春花秋草,夏雨冬雪,和风煦日,闪电鸣雷……这都是大自然赋予我们的瑰宝,是我们一份不可多得的财富。

而雨,恰恰是这份馈礼中的精品,是大自然中的精灵。

我是爱雨的,我尤其爱听雨。

春雨是文静的小姑娘,悄无声息地抛洒。连诗圣杜甫也有诗轻吟:"好雨知时节,当春乃发生。随风潜入夜,润物细无声。"在这样的春夜里,你什么事也不必做,只需捧一杯香茗,品一口清茶,闭上眼睛——脑海里有这样一幅画:大地是一张上好的宣纸,春雨是一支饱蘸了绿的笔,只需轻轻一点,那绿便晕开去,晕开去……伴着雨点落地,禾苗出土的嗞嗞声,一曲清雅的《春江花月夜》便在你的心头响起了。

夏天的雨可没有那样的好脾气,它像一个顽皮的孩子,趁你不在意,它就一路蹦跳着,嬉戏着,吵闹着下来了。它噼里啪啦地在一切能敲响的东西上敲起来,然后咚咚地落在你的窗玻璃上,好像在提醒你:注意,一首精彩的昂扬的摇滚已经开始啦!然后你再用心去听吧,你就会听到一串串美妙的旋律。为了把演出场地照亮,它还时不时地邀闪电来凑热闹。那一瞬间,黑夜如白昼,你会看到成千上万的演奏家有条不紊地演奏着各自的音符。还没等回过味来,一个接一个的闷雷又从远处滚来,赶来倾听这最杰出的乐章。一整个夏夜,你便可以和肥梅、梧桐、翠竹一道,陶醉在这惊心动魄的音符里。第二天,说不定你会依稀记得:昨夜风疏雨骤,雨声滴碎荷叶。

秋,历来被人们誉为金秋;秋风,被人誉为金风。那,我就把秋雨誉为金雨吧。在听着金雨的时候,一切都变得沉默了,安静了。如果说金秋是一幅色彩凝重的油画,则金雨便是最具魅力的背景。我是在一个下着秋雨的早晨来到这个世上的,我的名字中也就有了个风雨潇潇的"潇"字。现在,我听着这金色的雨声,仿佛听到一个个新生命的啼哭,听到庆丰收的锣鼓,听到了世界的新生。在金雨中,农民丰收了稻谷,老师丰收了希望,而我们呢?我们又丰收了什么?

冬在人们的印象中是冷酷无情的,而冬雨却是温和敦厚的。它不慌不忙地飘落,融化着积雪残冰,它不紧不慢地下落,洗刷着尘埃污垢;它不疾不徐地降落,准备着春的到来。你听听窗外冬雨的声音,分明是春的前奏。你怡然进入梦乡后,冬雨就会在屋檐下留给你一个梦呓:春天快到了!

这就是四季的雨,这就是雨的声音。倾听了这些精灵带给你的天籁,你便会拥有一个最纯真、最美好的心灵。

朋友,爱上听雨吧!尽情地享受它带给你的无穷乐趣。

与你共品
yu ni gong pin

　　作者细腻地感受着雨,感受着春夏秋冬四季里雨的不同,并一一欣赏着它们的妙处,从中感受大自然赐予的乐趣。文章带给读者的是一份宁静、一份美好。

个性独悟
ge xing du wu

　　★这篇散文写的主要内容是什么?是按什么顺序写的?
　　★请说说作者听到的春雨、夏雨、秋雨、冬雨各有什么样的性格?
　　★"听雨",这里的"听"不仅仅用耳朵听,更重要的是用什么去"听"?

快乐阅读
kuai le yue du

聆听大自然

听　泉　/　‥‥[日] 东山魁夷

　　鸟儿飞过旷野。一批又一批,成群的鸟儿接连不断地飞了过去。

　　有时候四五只联翩飞翔,有时候排成一字长蛇阵。看,多么壮阔的鸟群啊!……

　　鸟儿鸣叫着,它们和睦相处,互相激励;有时又彼此憎恶,格斗,伤残。有的鸟儿因疾病、疲惫或衰老而失掉队伍。

　　今天,鸟群又飞过旷野。它们时而飞过碧绿的田野,看到小河在太阳照耀下流泻;时而飞过丛林,窥见鲜红的果实在树阴下闪烁。想从前,这样的地方有的是。可如今,到处都是望不到边的漠漠荒原。任凭大地改换了模样。鸟儿一刻也不停,昨天,今天,明天,它们继续打这里飞过。

　　不要认为鸟儿都是按照自己的意志飞翔的。它们为什么飞? 它们飞向何方?谁都弄不清楚,就连那些领头的鸟儿也无从知晓。

　　为什么必须飞得这样快?为什么就不能慢一点儿呢?

　　鸟儿只觉得光阴在匆匆忙忙中逝去了。然而,它们不知道时间是无限的,永恒的,逝去的只是鸟儿自己。它们像着了迷似的那样剧烈,那样急速地振翩翱翔。它们没有想到,这会招来不幸,会使鸟儿更快地从这块土地上消失。

　　鸟儿依然呼啦啦拍着翅膀,更急速、更剧烈地飞过去……

　　森林中有一泓清澈的泉水,发出叮叮咚咚的响声,悄然流淌。这里有鸟群休息的地方,尽管是短暂的,但对于飞越荒原的鸟群说来,这小憩何等珍贵! 地球上的一切生物,都是这样,一天过了,又去迎接明天的新生。

　　鸟儿在清泉旁歇歇翅膀,养养精神,倾听泉水的絮语。鸣泉啊,你是否指点了鸟儿要去的方向?

泉水从地层深处涌出来,不间断地奔流着,从古到今,阅尽地面上一切生物的生死、荣枯。因此,泉水一定知道鸟儿应该飞去的方向。

鸟儿站在清澄的水边,让泉水映照着身影,它们想必看到了自己疲倦的模样。它们终于明白了鸟儿作为天之骄子的时代已经一去不复返了。

鸟儿想随处都能看到泉水,这是困难的。因为,它们只顾尽快飞翔。

不过,它们似乎有所觉悟,这样连续飞翔下去,到头来,鸟群本身就会泯灭的,但愿鸟儿尽早懂得这个道理。

我也是群鸟中的一只,所有的人都是在荒凉的不毛之地上飞翔不息的鸟儿。

人人心中都有一股泉水,日常的烦乱生活,遮蔽了它的声音。当你夜半突然醒来,你会从心灵的深处,听到幽然的鸣声,那正是潺湲的泉水啊!

回想走过的道路,多少次在这旷野上迷失了方向。每逢这个时候,当我听到心灵深处的鸣泉,我就重新找到了前进的标志。

泉水常常问我:你对别人,对自己,是诚实的吗?我总是深感内疚,答不出话来,只好默默低着头。

我从事绘画,是出自内心的企望:我想诚实地生活。心灵的泉水告诫我:要谦虚,要朴素,要舍弃清高和偏执。

心灵的泉水教育我,只有舍弃自我,才能看得真实。

舍弃自我是困难的,甚至是不可能的,我想。然而,絮絮低语的泉水明明白白对我说:美,正在于此。

 与你共品
yu ni gong pin

本文运用象征和暗示手法,以清新、洗练的语言,对鸟与泉做了生动具体的描写。作者对自然界的现象进行了细致入微的观察,并从人的角度思辨。从鸟与泉的启示中领悟到:人应摆脱动物的本能,做到诚实、谦虚、朴素、奉献,追求完美的人格。这才是有意义的人生,才是人生存的价值所在。

个性独悟
ge xing du wu

★先细读前四个自然段，找出关键句(即中心句，其他的叙述、描写都是围绕它展开的)。以下所有描述是怎样围绕这关键句展开的?作者对鸟群中几种状况的描写，使你联想到什么?

★第五至八自然段，作者对鸟儿飞过旷野的行动做了怎样的探究?这其中有什么富于哲理的话是值得你认真思索并牢牢记住的?第十三至十四段与以上四段有着怎样的关系? 第十五至十七段与以上十四个段落有着怎样的关系?

★第十八至二十一段作者在与泉水对话中引起怎样的反思，悟到什么哲理?

快乐阅读
kuai le yue du

杨　柳／ · · · 丰子恺

因为我的画中多杨柳树，就有人说我喜杨柳树。因为有人说我欢喜杨柳树，我似觉自己真与杨柳有缘。但我也曾问心，为什么喜杨柳树?到底与杨柳树有什么缘?其答案了不可得。原来这完全是偶然的：昔年我住在白马湖上，看见人们在湖边种柳，我向他们讨了一小株，种在寓屋的角里。因此给这屋取名为"小杨柳屋"，因此常取见惯的杨柳为画材，因此就有人说我欢喜杨柳，因此我自己似觉与杨柳有缘。假如当时有人在湖边种荆棘，也许我会给屋取名为"小荆棘屋"，而专画荆棘，成为与荆棘有缘，亦未可知。天下事往往如此。

但假如我存心要和杨柳结缘，就不说上面的话，而可以附会种种理由上去。或者说我爱它的鹅黄嫩绿，或者说我爱它的如醉如舞，或者说我爱它像小蛮的腰，或者说我爱它是陶渊明宅边所种的。或者还可援引"客舍青青"的诗，

"树犹如此"的话,以及"王恭之貌""张绪之神"等种种古典来,作为自己爱柳的理由。即使要找三百个冠冕堂皇、高雅深刻的理由,也是很容易的。天下事又往往如此。

也许我曾经对人说过"我爱杨柳"的话。但这话是随便的,是空洞的。仿佛我偶然买一双黑袜穿在脚上,有人问我"为什么穿黑袜"时,就对他说"我欢喜穿黑袜"一样。实际,我向来对于花木无所爱好;即有之,亦无所执着。这是因为我生长穷乡,只见桑麻、黍、烟片、棉花、小麦、大豆,不曾亲近过万花如绣的园林。只在几本旧书里看见过"紫薇""红杏""芍药""牡丹"等美丽的名称,但难得亲近这等名称所有者。并非完全没有见过,只因见时它们往往使我失望,不相信这便是曾对紫薇郎的紫薇花,曾使尚书出句的红杏,曾傍美人醉卧的芍药,或者象征富贵的牡丹。我觉得它们也是植物中的几种,不过少见而名贵些,实在也没有什么特别可爱的地方。似乎不配在诗词中那样地受人称赞,更不配在花木中占据那样高尚的地位。因此我似觉诗词中所赞的名花是另外一种,不是我现在所看见的这种植物。也曾偶游富丽的花园,但终于不曾见过十足地配称"万花如绣"的景象。

假如我现在要赞美一种植物,我仍是要赞美杨柳。但这与前缘无关,只是我这几天的所感,一时兴到,随便谈谈,不会像信仰宗教或崇拜主义地毕生皈依它。为的是昨日天气佳,埋头写作到傍晚,不免走到西湖边的长椅子里去坐了一番。看见湖岸的杨柳树上,好像挂着几万串嫩绿的珠子,在温暖的春风中飘来飘去,飘出许多变度微微的S线来,觉得这一种植物实在美丽可爱,非赞它一下不可。

听人说,这植物是最贱的。剪一根枝条来插在地上,它也会活起来,后来变成一株大杨柳树。它不需要高贵的肥料或工深的壅培,只要有阳光、泥土和水,便会生活,而且生得非常强健而美丽。牡丹要吃猪肚肠,葡萄藤要吃肉汤,许多花木要吃豆饼,杨柳树不要吃人的东西,因此人们说它是"贱"的。大概"贵"是要吃的意思。越要吃得多,越要吃得好,就是越"贵"。吃得很多很好而没有用处,只供观赏的,似乎更贵。例如牡丹比葡萄贵,是为了牡丹吃了猪肚肠一无用处,而葡萄吃了肉汤有结果的缘故。杨柳不要吃人的东西,且有木材供人用,因此被人看做"贱"的。

我赞杨柳美丽。但其美与牡丹不同,与别的一切花木都不同。杨柳的主要的美点,是其下垂。花木大都是向上发展的,红杏能长到"出墙",古木能长到"参天"。向上原是好的,但我往往看见枝叶花果蒸蒸日上,似乎忘记了下面的根,觉得可恶! 你们是靠他养活的,怎么只管贪图自己的光荣,而绝不回顾处在泥土中的根本呢,花木大都如此。甚至下面的根已经被斫,而上面的花叶还是欣欣向荣,在那里作最后一刻的威福,真是可恶而又可怜! 杨柳没有这般可恶可怜的样子;它不是不会向上生长。它长得很快,而且很高;但是越长得高,越垂得低,千万条陌头细柳,条条不忘记根本,常常俯着顾着下面,时时借了春风之力而向泥土中的根本点头致意,或者和它亲吻。好像一群活泼的孩子环绕着他们的慈母而游戏,而时时依傍到慈母的身旁去,或者扑进慈母的怀里去,使人见了觉得非常可爱。杨柳树也有高过墙头的,但我不嫌它高,为了它高而能下,为了它高而不忘本。

自古以来,诗文常以杨柳为春的一种主要题材。写春景曰"万树垂杨",写春色曰"陌头杨柳",或竟称春天为"柳条春"。我以为这并非仅为杨柳当春抽条的缘故,实因其树有一种特殊的姿态,与和平美丽的春光十分调和的缘故。这种特殊的姿态便是"下垂"。不然,当春发芽的树木不知凡几,何以专让柳条作春的主人呢? 只为别的树木都凭仗春的力而拼命向上,一味求高,忘记自己的根本。其贪婪之相不合于春的精神。最能象征春的神意的,只有垂杨柳。

这是我昨天看了西湖边上的杨柳而一时兴起的感想。但我所赞美的不仅是西湖边上的杨柳。在这几天的春光之下,乡村到处的杨柳都有这般可赞美的姿态。西湖似乎太高贵了,反而不适于栽植这种"贱"的垂杨柳呢。

与你共品
yu ni gong pin

丰子恺(1898~1975),现代著名作家、画家。他的文章颇有特别之处,能将琐细的事物诉说得娓娓动听。文字朴实、真诚,有赤子之心,和他的画一般,浸透了心地光明、一无沾染的品格风貌。作者在看见人世间的昏暗后,企图逃入儿童的世界,又受佛理的影响,使文章清幽玄妙,带着哲理深味,染有轻淡的悲色。本文从自己的画入笔,赞美了杨柳平凡普通、不忘根本的高尚品质。

个性独悟
ge xing du wu

★作者在正式赞美杨柳之前为何先写下前三个自然段？

★第一自然段中作者说自己的画多画杨柳是一种偶然，这与后文赞美杨柳是否矛盾？为什么？第五自然段中，作者说"杨柳这种植物是最贱的"，"贱"字在这里的含义是什么？第五自然段，作者拿牡丹与葡萄比表现了作者怎样的思想感情？与写杨柳有什么关联？第六自然段对"红杏出墙、古木参天"用了"可恶"一词。思考一下：作者为何对自然事物表现如此强烈的感情色彩？其实质是什么？

★作者为什么说杨柳最能代表春的精神？

快乐阅读
kuai le yue du

自然之美 / ··· [美] 爱默生

大自然满足了人类的一个崇高需求，即爱美之心。

古希腊人把世界称作 koous，意思就是"美"。这便是所有事物的构成之法，或者说是人类眼睛所具有的塑造力量——它使得天空、山峦、树木、动物这些基本形态，都以其自在自足的方式令人悦目赏心；而人的欢愉之情则因为事物的轮廓、色彩、动作与组合油然而生。看上去这是由于眼睛的缘故。眼睛是最好的艺术家。由于它本身结构与光线变化的配合作用，人眼里生成了透视效果——这效果组合起所有物体，不论它们性质如何，将其纳入一个彩色而有明暗反差的眼球，在其中，具体的物都平淡自然，而由它们构成的风景则是浑圆、对称的。正如眼睛是最好的组合大师那样,光线也是最优秀的画家。任何丑陋的物体在强光下都会变得美丽。而它赋予人的感官的刺激,以及它本身具有的那种无限性,就像空间与时间一样,使一切事物都变得欢快起来。甚至尸体也有它独特之美。但是,除去这种遍布自然界的光线之处,几乎所有物体的形态都是愉人眼目的——我们不断地模仿其中一些物体的形态,如橡实、葡萄、松果、麦穗、鸡蛋、大多数鸟类的翅膀和体形、雄狮的巨爪、蟒蛇、蝴蝶、贝壳、火焰、云朵、嫩芽、树叶,以及许多树木的形态——例如棕榈树。

人对自然形式的简单感觉是愉悦。自然界中形式与运动的影响对人十分必要,以至于从它最基本的功用来看,它超不出商品与美这两重范围。对于那些因劳累过度或人情险恶而导致身心残破的人来说,大自然如同一剂良药,能使他们恢复健康。当商人和法官从闹市的喧嚣中脱身,重新看到蓝天与绿树时,他们便恢复了人的身份。在自然界永恒的宁静中,人又发现了自我。人的眼睛若要保持健康,就少不了地平线的存在。只要我们能看到远景,我们就绝不会感到疲劳。

然而在其他时刻,大自然仅以它的美好可亲使人获得满足,其中并不含带任何肉体方面的好处。我从我家对面的小山顶上观看早晨的壮丽景色,从破晓一直到太阳升起,我的心情几乎可同天使分享。无数细长柔软的云朵像鱼儿一样在殷红的霞光里飘浮。我如同站在岸边,从地面眺望那深寂的云海。我似乎被卷入它迅速地变幻之中—— 一阵阵狂喜淹没我的身躯,我随着晨风不断膨胀,与之共同呼吸。大自然是怎样运用这些简单又普遍的力量使我们变用神灵啊!只要让我拥有健康和一天的时间,我就能让皇帝的威仪显得可笑。黎明是我的亚速国,日落与月出是我的派弗斯,或不可思议的仙境,正午是我感觉与理解力的英格兰,而晚上则是我哲学与梦境的德意志。除了在下午我们的感觉稍许迟钝之外,昨天晚上那种冬季日落的景色也极其迷人。西风吹动大量云团,把它们分割成越来越小的粉红色絮片,又给它们染上难以形容的柔和色调;而当时的空气中饱含着生命的搏动和香甜气息,使人觉得待在家里真是一种痛苦。大自然在此时会说些什么呢?难道磨坊背后那条静寂安详的山谷本身就毫无意义——就连荷马或莎士比亚也无法为我用语言转达它的心声?脱落了树叶的树干在日落中变成了燃烧的尖塔,衬托着东方瓦蓝的天幕;枯萎凋谢的花朵只剩下星星状的花托,而每根残茎败梗都披着凝霜,为这无声的音乐演奏贡献它的一份努力。

城里的居民以为乡间只有半年的好风景可看。我却尽情欣赏冬季风光的

对着一朵花微笑

优雅情致,并且深信,它就像夏天宜人的气候一样令人留恋。对于目光关注的人来说,一年中的每一时刻都有它独特的美丽。哪怕是在同一片田野里,人也能每小时看到一幅前所未见、后不重复的图画。天空时时都在变幻之中,它把它的光辉或阴暗色调反射到地面上。四周农场的庄稼生长情况,能在一周之内改变地表的面貌。草场与路边的野生植物互相更迭——它们代表着静默的夏季时钟——这使得细致的观察者竟有可能依此区分每一天的不同之处。鸟类与昆虫的活动也像植物一样准时,它们先后来去,在一年里都有自己的时间。水面生物的变化就更多了。7月里,我们这条可爱的小河浅水处长满了蓝色雨久花或大片的狗尾草,黄蝴蝶成群结队地在花草丛中飞舞。任何图画也敌不过这种色彩斑斓的壮丽场面。说真的,一条河流实在就是一条画廊,它每个月都要隆重推出一个画展。

然而,大自然这种可见、可感的动人之处仅仅是它的美的最起码部分。每一天的景象,露水莹莹的早晨,彩虹,山川,开花的果园,群星灿灿,月色如水,水中倒影,如此等等—— 一旦你急切地寻觅它们,它们反而变成了一种单纯景观,要用些不真实的幻觉来嘲弄你。走出房门去看月亮,你会觉得它就像闪亮的银箔一样俗气, 远不如当你赶夜路时见到的那一份明月那样令人迷恋陶醉。再比如金秋时节的美好黄昏时光,有谁能抓住它、不让它溜走呢?你前去寻找它的痕迹, 可是它已经消失——它不过是你留心从窗内向外窥探时偶尔见到的一幕海市蜃楼。

与你共品
yu ni gong pin

节选自《爱默生集》第三章《美》。

"爱美之心,人皆有之",本文的作者更是对大自然的美情有独钟,作者在文中不仅尽情地赞美了大自然的美,更是由衷地表达了自己对大自然的喜爱之情,作者认为"大自然如同一剂良药",对于那些因劳累过度或人情险恶而导致身心残破的人来说,是"能使他们恢复健康"。在此文中,作者写出了自己对大自然的独特感受。相信你读罢此文,会有一番对美好的大自然欣然神往之情。

个性独悟
ge xing du wu

★文中哪段话可以印证"眼睛是最好的艺术家"一句的含义？

★为什么说"光线也是最优秀的画家"？

★"我尽情欣赏冬季风光的优雅情致"的根据是什么？

快乐阅读
kuai le yue du

一片树叶 / ···[日]东山魁夷

当我把京都作为主要题材来创作我的组画的时候,想起了圆山闻名的夜樱。我多想观赏一下那缀满枝头的繁盛的花朵,同那春宵的满月交相辉映的情景啊！

那是四月十日前后吧,我弄清楚当夜确实是阴历十五之后,就向京都进发。白天,到圆山公园一看,却也幸运,樱花开得正旺,春天的太阳似乎同月夜良宵相约似的,朗朗地照着。时至傍晚,我已经参观了寂光院和三千院,看看时间已到,就折向京都城里。

来到下鸭这地方,蓦然从车窗向外一望,东面天上不正漂浮着一轮又圆又大的月亮吗？我吃了一惊。本来我是想站在圆山的樱树林前,观赏那刚刚从东山露出笑脸的圆月。它一旦升上高空,就会失掉特有的风韵。我后悔不该在大原消磨那么多时光。

我急匆匆赶到圆山公园,稍稍松了口气。所幸,这儿靠近山峦,一时还望不见月亮的姿影。东山浸在碧青色的暮霭里,山前面一株枝条垂挂的樱树,披着绯红色华美的春装,仿佛将京都的春色完全凝聚于一身似的。地面上,不见一朵落花。

山头一片净明,月亮微微探出头来,静静地升上绛紫色的天空。这时,樱花仰望着月亮,月亮俯视着樱花。刹那之间,消尽了游春的灯火和杂沓的人影。四周阒无人声，只给月和花留下了清丽的好天地。

这也许就是常说的奇缘巧遇吧，花期短暂，难得碰上朗照的满月；再说，月华的胜景，也只限于今宵，要是碰上阴雨天气，就什么也看不到。此外，还必须有我这个欣赏者在场才成。

如果花儿常开不败，我们能永远活在地球上，那么花月相逢便不会引人如此动情。花开花落，方显出生命的灿烂光华；爱花赏花，更说明人对花木的无限珍惜。地球上瞬息即逝的事物，一旦有缘相遇，定会在人们的心里激起无限的喜悦。这不只限于樱花，即使路旁一棵无名小草，不是同样如此吗？

自然景物令人赏心悦目，这个体验是我在战争中获得的。那时想到自己的生命之火就要熄灭了，处在这样的境况里，才发觉自然景物却充满了旺盛的活力。于是，我受到了强烈的震动。过去在我的眼里，这些景物都是平淡无奇、不堪一顾的呢。

战争结束以后，在贫困的年代里，我也陷入苦难的深渊。冬天，我伫立在凄清寂寞的山峦上，大自然和我紧密相连，这才使我的心境感到充实而满足，我心中产生了对生活的切实而纯真的向往。打那时候起，我便开始了一个风景画家的生涯。

我所喜欢描绘的不是人迹罕至的景致，而是富有生活情趣的自然风景。然而，在我所描绘的风景里，可以说，几乎没有人物出现。其中一个理由是，我所描绘的风景是人们心灵的象征。我是通过自然景色本身，抒写人们的内心世界的。

我常常揣摩画面的内容，创作散文，这是我接触了清新的自然和素朴的形象之后引起的感动所致。在战后时代的急流勇进中，我有很多时候，是走着同时代相游离的道路的。现在看来，这条路算是对了。而且，我决心继续走下去。

人应当谦虚地看待自然和风景。为此，固然有必要出门旅行，同大自然直接接触，或深入异乡，领略一下当地人们的生活情趣。然而，就是我们住地周围，哪怕是庭院的一木一叶，只要用心观察，有时也能深刻地领略到生命的涵义。

我注视着院子里的树木，更准确地说，是在凝望枝头的一片树叶。而今，它泛着美丽的绿色，在夏日的阳光里闪耀着光辉。我想起当它还是幼芽的时候，我所看到的情景。那是去年初冬，就在这片新叶尚未吐露的地方，吊着一片干枯的黄叶，不久就脱离了枝条飘落到地上。就在原来的枝丫上，你这幼小的坚强的嫩芽，生机勃勃地诞生了。

任凭寒风猛吹，任凭大雪纷纷，你默默等待着春天，慢慢地在体内积攒着力量。一日清晨，微雨乍晴，我看到树枝上缀满粒粒珍珠，这是一枚枚新生的幼芽凝聚着雨水闪闪发光。于是我感到百草都在催芽,春天已经临近了。

春天终于来了,万木高高兴兴地吐翠了。然而,散落在地面上的陈叶,早已腐烂化作泥土了。

你迅速长成了一片嫩叶,在初夏的太阳下浮绿泛金。对于柔弱的绿叶来说,初夏,既是生机旺盛的季节,也是最易遭受害虫的侵蚀的季节。幸好,你平安地迎来了暑天,而今正同伙伴们织成浓密的青荫,遮蔽着枝头。

我预测着你的未来。到了仲夏,鸣蝉将在你的浓荫下长啸,等一场台风袭过,那哕哕蝉鸣变成了凄切的哀吟,天气也随之凉爽起来。蝉声一断,代之而来的是树根深处秋虫的合唱,这唧唧虫声,确也能为静寂的秋夜增添不少雅趣。

你的绿意,不知不觉黯然失色了,终于变成了一片黄叶,在冷雨里垂挂着。夜来秋风敲窗,第二天早晨起来,树枝上已经消失了你的踪影。只是到你所在的那个枝丫上又冒出了一个嫩芽。等到这个幼芽绽放绿意的时候,你早已零落地下,埋在泥土之中了。

这就是自然,不光是一片树叶,生活在世界上的万物,都有一个相同的归宿。一叶坠地,绝不是毫无意义的。正是这片片黄叶,换来了整个大树的盎然生机。这一片树叶的诞生和消亡,正标志着生命在四季里的不停转化。

同样,一个人的死关系着整个人类的生。死,固然是人人所不欢迎的。但是,只要你珍爱自己的生命,同时也珍爱他人的生命,那么,当你生命渐尽、行将回归大地的时候,你应当感到庆幸。这就是我观察庭院里的一片树叶所得的启示。不,这是那片树叶向我娓娓讲述的生死轮回的要谛。

与你共品
yu ni gong pin

东山魁夷(1908~1999),日本当代风景画家和散文家。《一片树叶》使用托物言志的手法,借一片树叶诞生、催芽、浮绿、浓荫、失色、消亡而得出"生死轮回的要谛"。整篇文章可大致分为两部分,第一部分写圆山公园赏花赏月的奇缘巧遇,也算是铺张造势吧;第二部分写观察一片树叶,才算是"书归正传"吧,中国有一叶落而知秋的说法,东山魁夷是一叶兴衰中知人生。

★圆山闻名的夜樱的特点是什么？文中多次提到的京都是哪个城市？"地面上不见一朵落花"与文中哪句话相吻合？

★"樱花仰望着月亮，月亮俯视着樱花"使用的是什么修辞方法？这两句话与前文的哪句话相吻合？

★"这也许就是常说的奇缘巧遇吧"中的"奇缘巧遇"是什么意思？"花月相逢"使人"如此动情"的原因是什么？"我便开始了一个风景画家的生涯"的原因有哪些？"我"所描绘的风景画不同于一般之处是什么？

★怎样理解"人应当谦虚地看待自然和风景"？在文中起到入题的一句是哪句？"这就是自然"是指什么说的？怎样理解"生活在世界上的万物，都有一个相同的归宿"？

★作者谈一片树叶的整个生命过程的目的是什么？

大自然的美 / ··· 俞雪阳

　　无论是谁，对大自然都有一种崇敬之情。你看，阳光灿烂，月光朦胧；花的娇柔，树的挺拔；山的雄伟，海的浩瀚……无一不是被大自然造就的，而我对大自然的美却有另一种看法。

　　比如月亮，它在人们心中是近乎完美的，但实际上，月球只不过是表面布满了大大小小的环形山的天体，靠反射太阳光发亮。从古至今，人们之所以向往它，是因为"嫦娥奔月"这个美丽的传说。如果不是一位孤独的人，整夜与月相伴，编出了这样一个动人故事；如果不是古人的无知，靠幻想描述月亮，只恐怕人们心中的月亮已不是现在的样子了。

可见，人们对某些自然事物的赞美，源自对它的不了解，这才用想象力填补空白。实际上，真正美丽的是人们心中的理想境界。

再说那西湖，的确是秀美。宋代大诗人苏轼为赞美西湖写道："水光潋滟晴方好，山色空蒙雨亦奇，欲把西湖比西子，浓妆淡抹总相宜。"可见西湖确有绝代佳人西施的妩媚。然而，若不是苏轼心情舒畅，对本质的美、秀丽的美有一种偏爱，只怕不会赋予西湖这般诗句。不妨这样假设：忧国忧民的杜甫，在即将国破家亡之际游览西湖；或是喜爱豪放飘逸之美的李白至西湖，他们做出的诗句，不知带有几分伤感，几分不悦。

所以，与其说景美，不如说人们心情愉悦。再美的景也离不开美丽的心，也逃不掉伤悲者的叹息。正如同是细雨，有人赞"天街小雨润如酥"也有人叹"荒烟凉雨助人悲"，只是寄托感情的物体，而美景只不过是心情美丽罢了。

由此看来，人们所说的大自然的美本有缺憾，人类却用想象力弥补了它。大自然精心创造的，却敌不过人类多变的情感。大自然的美，只不过是人类雕刻的印章，印出的美属于人类。

【简　评】

这篇文章以一种审美的眼光来观察自然，在作者看来，自然之美源于人类心中之美。这一认识使文章内容有了一定的深度，也显示了作者的美学修养。有了这一点，文章就上升了一个层次，也使读者对事物或艺术品有一点儿美的感悟了。

竹海神韵 / · · · 杨 丽

　　提起竹海,人们不禁爱想到蜀南竹海,可是提起贵州赤水富有"桫椤之乡"之称的"金沙竹海"就鲜为人知了。然而,金沙竹海却以其独特的魅力、万种的风情、神奇的风韵,撩拨着你的心弦,不由得你不心驰神往,独醉其中。她犹如罩着神秘面纱的深闺美女,等待世人去了解她,欣赏她。

　　竹海位于贵州省赤水市大金沙,距市中心约 50 公里,面积约几千亩。由于竹林的浩大,故以"海"称之,提起金沙竹海,我又不得不提起野猪坪。

　　野猪坪距离大金沙约 10 公里,这里的确是竹子的世界,放眼望去,清一色的楠竹一棵挨一棵,一片接一片,一山连一山,满山遍野,渺无边际。碗口粗的竹子身材修长,笔直挺立,直插云端,就连年初才冒出的嫩竹,为了能够多享受点林中宝贵的阳光,也憋足劲儿猛长,才两三个月的时间,就蹿出了五六米。

　　从野猪坪出发沿着一条林间石板路,直接通往竹海的"心脏"部位观海楼,观海楼是整个竹海的最高点。站在它高高的楼顶上远眺竹海,此时,你就仿佛置身于绿色的海洋里,当山风吹来的时候,竹海里竹竿摇晃,竹枝乱颤,竹叶飘舞,起伏不定,整个竹海以排山倒海之势扑面而来,风声呼啸,像千军万马在厮杀。可当山风平息的时候,又宁静得可以听见竹林深处的蝉鸣蛙叫。

　　在竹海中漫步,是十分惬意的。呼吸一下新鲜的空气,你会有心灵空寂、百骸通泰、飘飘欲仙的感觉。竹林里到处都铺满了厚厚的竹叶,赤脚走在上面,脚底板麻酥酥的,加上沙沙作响的竹叶,别有一番情趣。

　　竹林是鸟儿们生活的乐园,它们欢快的歌声似乎一刻也没有停止过,布谷鸟的民族唱法刚结束,画眉鸟又唱起了咏叹调,如泣如诉,婉转悠扬,歌声撩拨得你的心直痒痒,恨不得立刻生出双翅,加入它们的行列,去唱遍竹林的每一个角落。

　　竹林中的大路小径也是一条独特的风景线。在林间小径和绵延几公里的公路两旁,几乎每棵竹子的躯干上都留下了"书法家"们的"墨迹",瞧他们,时而专注地运笔,转而又笑得歪歪倒倒,似乎比那些"墨迹"更吸引人们的目光。

　　当你游完竹海,重新回到野猪坪的时候,此时,您应该去喝几口红石壁下那"玉液琼浆"池中的山泉水。从"玉液琼浆"池中汩汩流出的山泉可不是凡品哟!它发源于竹林 2000 多米的地层深处,经过密如蛛网的竹根、竹须的吸附,尽得竹之精华,不但纯净无比,而且富有许多种对人体有益的微量元素,具有降脂减肥、防癌治癌、延年益寿、美容的功效。

竹海是十分美丽的,它的美丽源于原始质朴,这一切都归功于鬼斧神工的大自然的赋予。

【简评】

作者很会选材。看,她写的是"不为人知"的"金沙竹海",又在"金沙竹海"中撷取了最有特点的"野猪坪",这叫"特"中选"特",不容易与别人雷同。写"野猪坪",她又"五觉并用","看"有鸟瞰、平视;"听"则有风吹竹声、鸟声蝉声;"尝"则既尝新鲜的空气,又尝清冽的泉水;她甚至还脱了鞋子在竹叶上走了一回,去感觉大自然的情趣。她的这些观察与感受是这篇作文最出色的地方,也是读者值得借鉴的地方。

北京的胡同 / ··· 张蕴枫

上海人住着石库门房子,北京人住着四合院。

上海人走着弄堂,北京人走着胡同。胡同是元朝的产物,蒙古人把元大都的街巷叫"胡同",据说这蒙古语的意思是指水井。大概当时每条胡同里都有一眼水井吧。如今去那些最古老的胡同走走,倒真能发现已枯的井眼。这些废弃的枯井是对胡同名称的最好的注释。

当年水井可是深宅大院里的人们抬头不见低头见的社交场所,在井边与左邻右舍谈天说地,嘘寒问暖,可以弥补四合院的封闭性带来的不足——既保护了每个家庭的隐秘空间,又为邻里间提供了交流的机会。胡同与四合院的完美组合体现出了元大都统治者在城市建设与管理方面的聪明之处。今北京西四南大街丁字路口西南侧,有一条砖塔胡同,这是一条 700 多岁的胡同,得名来自胡同东口的八角形砖塔。砖塔胡同在元朝时是杂剧中心,元朝人爱看杂剧正如后来清朝子弟爱看京戏,会看的看门道,不会看的也能看热闹,不知关汉卿有否在砖塔胡同亮过相,但砖塔胡同肯定上演过他的戏。

砖塔胡同 61 号(现为 84 号)是鲁迅故居之一,他在低矮的北房里写下《祝福》《在酒楼》《肥皂》等小说,和一本《中国小说史略》。鲁迅在文学史上地位肯定要比关汉卿重要——虽然他们一古一今。他是不会为太平盛世锦上添花的,他在胡同深处的古塔上打磨他的投枪、匕首和呐喊。塔是磨刀石,也是大师的证人。鲁迅是藏身陋巷、卧薪尝胆的文字刺客。

像砖塔胡同一样,北京城的许多胡同,因人而得名。人与事才是胡同潜在的主题,仿佛穿梭于时空隧道,这短短一截胡同包容着何其漫长梦幻的历史,有关胡同的例子,就像胡同里的人和事一样,举不胜举。

北京城是座露天的博物馆,胡同是其最公开最生活化的展览品。

【简 评】

作者抓住了难点,解决了在材料的选择上又多又需要集中这一矛盾。立意不凡。本文从段到篇,文学叙述语言的特色也较浓,有一定的创新意识,值得品读。

星空夜话

风·光·卷

太阳下，我们计较功利

月亮下，我们享受情感

　　太阳是宣言，它给出生命明确的坐标和意义。太阳用它耀眼而令人眩晕的光芒照亮了外部世界的河流山川、道路桥梁。而月亮则永远谦和地若有若无隐隐约约像春雨润物般地渗透着我们内心世界的角角落落，每一条肌理，每一次颤动。我们在月光下倾诉，在月光下回忆，在月光下散步，在月光下慢慢的不知不觉地打开心扉，就如清风掀动的一袭幽帘一扇柴门。

月亮之美 / ··· 毛时安

深夜起身。睡不着，倚着阳台看月亮。有月色的夜晚真美。

最早对月亮的关心，来自儿时母亲亲切的讲述。那时天很清很清。星星永远一长一短地闪烁着光芒，永远像儿歌中唱的那样"星星眨眼睛"。每到月白风清的秋夜，母亲会告诉我和弟弟，月亮里有桂树、宫殿，最重要的是有一个寂寞而美丽的仙女——嫦娥。于是，我和弟弟会抬头在白玉般晶莹剔透的玉盘里百般努力地寻找。然而，我们在月亮隐约模糊的阴影中每次都找不到那美丽的倩影，欠缺的想象和完形能力，勾勒不出窈窕的身姿。

读中学时，我们已经到了"为赋新词强说愁"的季节。语文课讲到毛主席诗词《蝶恋花·答李淑一》中"寂寞嫦娥舒广袖"时，我们已经能隐隐体会到那美丽倩影背后的心的忧伤和冷寂了。也已经能体味到李商隐"嫦娥应悔偷灵药，碧海青天夜夜心"那颗清凉凄婉的诗心了。解诗到"吴刚捧出桂花酒"时，我们才知道，月亮里还有和永远向上推着向下滚的巨石的西西弗斯命运相仿的吴刚，在砍着永远向上生长着的桂树。青春的思维顿时活跃起来。美丽仙女广寒宫的不幸寂寞，有刚健男儿的沉默和永远的伐木声相伴，他们会交流吗？他们会相助吗？在两个人的世界里在那片银色的凄迷中，他们会相依为命厮守终生吗？

我想，这就是月亮。

月亮是婉约的诗篇。月亮的美，乃是一种疏影横斜，暗香浮动，撩拨心头的情愫，可以感觉却不可言状的莫名的美。它使生命充满了诗的遐想。看过昆曲《牡丹亭》，一位女作家打电话给我，是晚戏散场，她走在浦东归家的路上，望着流泻的月辉和自己的身影，品味着痴男怨女古典的纯情，才感到生命和生活原来可以如此美好。太阳是宣言,它给出生命明确的坐标和意义。太阳用它耀眼而令人眩晕的光芒照亮着外部世界的河流山川、道路桥梁。而月亮则永远谦和地若有若无隐隐约约像春雨润物般地渗透着我们内心世界的角角落落,每一条肌理,每一次颤动。我们在月光下倾诉,在月光下回忆,在月光下漫步,在月光下慢慢地不知不觉地打开心扉,就如清风掀动的一袭幽帘一扇柴门。"月儿如钩,遥挂长天。清辉流泻,下照无眠。"在新编历史京剧《贞观盛事》中,我们看到中国历史上两个伟大的男人,大唐天子李世民和一代名相魏徵如何在阳光下争执又如何在月光下和解,看到两败俱伤中伟大的人格力量如何在阳光下激烈碰撞又如何在月光下像融融的春水交融,共铸盛唐气象的动人情景。所有恋爱着的人,都喜欢月亮。因为月亮善解人意,总是用她充满诗情的光辉抚慰着心灵,总是让相爱的男女在诗情的氛围中敞开各自的心灵,成为不设防的城市。两情相悦,让你的心走进她的心,让她的心走进你的心。月亮下,我们享受情感;太阳下,我们计较功利。即使热恋中的少男少女,也免不了利益关系的纷争。

太阳是金黄的,富贵威严一览无余的金黄;月亮是玉色的,温润而富于内涵,真正的含而不露,真正是无言的爱。太阳是西洋乐队中的小号,嘹亮亢奋,一往无前;月亮是现在几近绝响的箫和埙,"如怨如慕,如泣如诉;余音袅袅,不绝如缕"。在月光下最容易也最适宜的西洋乐器是口琴。在月亮隐约透过云翳,穿过林木投下阴影的时候,口琴简单的音色最能表达青春的抑郁和忧伤。三十多年前,有一个小伙子,总是站在夜晚的阳台上,望着黄浦江上空的月亮,将他会唱的每一首歌,都吹奏得那样的忧伤,那样的缠绵。他想吹得每一个音符都让世人落泪,天地动容。头顶的月亮,很圆,是奇诡的暗红,显得憔悴。

歌手孟庭苇唱月亮:"扁扁的,扁扁的,岁月的书签。"张爱玲说,三十年前的月亮,是"朵云轩信笺上落了一颗泪珠,陈旧而迷糊"。三十多年过去了,当年的小伙子,历经沧桑,已经变成人生角斗场上将心裹上厚厚革甲、刀枪不入的斗士。但依然在心的深处吹奏着月亮下忧伤的口琴,怀想着当年照耀着千家万户、微微发红的月亮,怀念着那个踩着月光、听着自己脚步声赶路的小小少年。

世界正在城市化。被城市化了的空间,以繁华通明的灯光,遮蔽了月亮,使月亮变得黯然失色。现代人正在远离月亮,远离生活中的诗意。

去吧,去月光下走走。隔着千年的岁月,我听到了旷达的召唤:"何夜无月?何处无竹柏?但少闲人如吾两人耳。"

此刻,我的心沉浸在月亮银色轻柔的呼吸中。

星空夜话

与你共品
yu ni gong pin

月亮的美,乃是一种疏影横斜,暗香浮动,撩拨心头情愫,可以感觉却不可言状的莫名的美,它使生命充满了诗的遐想。

个性独悟
ge xing du wu

★怎样理解"月亮是婉约的诗篇"?

★为什么文中说"所有恋爱着的人都喜欢月亮"?

★"何夜无月?何处无竹柏?但少闲人如吾两人耳。"这是苏轼《记承天寺夜游》中咏月的名句,你能写出他另外的名句吗?

★月亮是无数文人墨客抒情的载体,请写出两例诗人咏月的名句。

快乐阅读
kuai le yue du

精卫的震撼 / · · · 蒋子龙

天津火车站原名"老龙头车站"。天津又名"津门"。"天津卫",即是北京的门户,渤海的卫士——老龙王之头名副其实。今年正好是"老龙头"建站一百周年。然而昔日"老龙头"已不复存在。今日天津站据说有好几个"全国第一",设施先进,是不是真的属于"全国第一",有一点我可以肯定,新天津站是近几年来天津市政建设的"代表作"。它有自己的构思,自己的风格,自己的独到之处,因而建筑本身便有了精神。无论是70米高的神韵独具的钟塔楼,还是两侧状似鸟翼的二里长的附属建筑以及凌空欲飞的主站房。有了精神就活了！我们没有精神的建筑太多，低劣的死眉塌眼的千篇一律的灰不溜秋不死不活的，缺少灵气和神韵。是可以容身的窝，不是建筑。建筑是艺术，是"凝固的音乐"。穷、人多，不是缺少精神的理由，花同样的钱，可以盖得死眉塌眼，也可建得神韵独具。刚盖好就是落后的、甚至还没有盖，一开始设计就是落后的，那才是浪费。建筑透着一方水土，一个地区的民众，乃至一个国家、一个民族的精、气、神！

人们拥进天津站，确切地说是迈进富有罗马巴洛克风格的圆拱形中央大厅，突然都站住了，周围的什么雄伟呀，壮观呀，新奇呀，全消失了。气骨雄豪的建筑群落刚才还深深地刺激了大脑皮层，此刻也像潮水般地退去，只剩下头顶上的一幅画。这是一片从未见过的穹顶巨幅油画，高 21 米，直径 24 米，面积近600 平方米。题目叫《精卫填海》。画面让人惊骇，恍惚间有飘逸、浮动的感觉。

7 个背生巨翅的裸女，中间的精卫头顶一圈彩虹，身长 6.5 米，翅膀 12 米长。两个肥胖可爱、刚长出嫩翅的韶龄童子，有 100 只海鸟围绕着她们。画家们把具体的东西全部抽去，只留下海、天、云。用浓重的蓝黑色油彩堆出一团团大的色块；云的进飞，洪荒宇宙的旋舞，生的角逐，力的拼搏，爱的测试，美的流溢。海一样翻腾的血，云一样飘曳的长发，雷电似的翅膀，像剑一样劈开了厚厚的云团。驾风驱雨，巨石投海，激起冲天水柱，如喷泉一般。海和云，人和天搅在一起，一幅中国的"创世纪"。有生命的大运动，有令人震撼的真实感。精卫的精神投下一束光晕，她们的翅膀照亮整个大厅，她们强大的生命的热力在散发，温暖了冰冷的海和天，温暖了这将军红的磨光花岗岩地面和顶天立地的坚硬的大理石柱子。

精卫填海图体现了设计者的一种精神。起初，设计者曾想采用一个最常见最保险因而也是最平庸的方案：在中央大厅的穹顶上安装无数个灯泡，还有个很好的名字叫"满天星"。可心里总觉得这好的建筑不配画太可惜了。古今中外哪一座优美的建筑离得了绘画和雕塑！于是，市长决定搞"立体感很强的正宗油画"，并想好了内容，画"哪吒闹海"。为此去请教天津的油画大家秦征。秦征直摇脑袋："不好，哪吒闹海被画滥了！这是车站，头顶上有妖魔鬼怪厮杀成一团也让人看着不舒服。"

"你说画什么好？"

"《精卫填海》。"

"什么意思？"

"中国古代两大神话，《愚公移山》和《精卫填海》。毛主席一篇文章使愚公移山的故事家喻户晓,却冷落了精卫。《山海经》里说:'炎帝少女名曰女娃。女娃游于东海,溺而不返,故为精卫。常衔西山之木石,以湮于东海。'《述异记》里说得更详细,炎帝的小女儿溺死于东海,化为精卫鸟。精卫与海燕结合,生雌如精卫,生雄如海燕。今东海精卫溺水处,誓不饮其水。精卫,一名冤禽,又名志鸟,俗呼帝女雀。"

好个志气鸟!精卫其实是中国第一个女神,并司青春、爱情和复仇。让她来取代"老龙头"岂不富有深意和幽默?

已调到北京出任中国美术家协会党组书记的秦征,不愿做京官,老想画画儿,老往天津跑。他的家和户口还在天津。市长决定把天津站的穹顶画还是交给他来干。秦征那艺术家的硬劲又来了:"叫我干就得由我说了算,身不由己莫谈艺术!"市长亲自给他下了"全权负责"的委托书。

他带着王玉琪等五个得意的学生投入了紧张的创作。

画家们把自己封闭在20多米高的脚手架上,有的时候需躺着才能挥笔,有时要蹲着、半蹲或弓腰歪身,中间的高部则要站着画,甚至还要踩着凳子。每天和精卫在一起。他们就是精卫,被自己创造的海浪抽打着,精卫的翅膀载浮着他们,水雾云层像香烟一样在他们身边缭绕。创作的冲动像烈火烧灼着他们,感觉不到大棚里40多度的高温,听不到脚下施工的噪音,他们仿佛也跟着精卫经历了死的恐怖,获得了生的力量。

看那精卫的裸体吧,有着太阳般的肤色,闪闪发亮,结实而有弹性。曲线是冷峻而优美的,不失女儿的圆曲、光滑和灵巧。却又带着锋芒,带着青春的棱角,有饱满而充沛的活力,把握着自己的命运,坦然地大爱,大恨,大复仇。让人们也坦然地欣赏这裸体的强健和优美。精卫的脸是风暴塑造的,没有传统的女神形象的富态、柔媚、恬静,有的是智慧和自信、强悍、坚毅、威猛。雷电是她们的眼睛,这眼光执着地洞识了生命的意义,只有中国女人,经过大死大生的女人才有这样的眼光,画面上有海、天、云、光,也有女性的温慈,复仇者的酣战,儿童的嬉戏,构成了对美好生命永恒的肯定。精卫——波澜壮阔的生命!

精卫是鸟,应该有双翅。正是这许多大小不等的翅膀给油画以奇特的生命和恢宏的气势。正面看,精卫们羽化成仙,腾空而起,"怒而飞,期翼若垂天之云"。反面看,精卫正对着大海俯冲,而且是加速度地俯冲。侧面看,精卫们在翱翔。不论从哪个角度看,精卫们都在飞、都很美,给人以强烈的浮动感、飞升感,仿佛主站房连同中央大厅也一并驮在精卫的翅膀上,同风而起,扶摇直上。

旅客们怎能不在这穹顶画下驻足仰视?它喧宾夺主,吸引了众多的游客拥进天津站,不是为了坐火车,而是想看看《精卫填海》。它比天津站名气更大,传扬得更快。关心这幅画命运的人,仍担心精卫的裸体——乳房、腹部、大腿,紧张地注视着各方面的反应。首先是工人、普通的旅客很喜欢。外国人看了感到惊奇,他们说中国允许画这么大型裸体油画说明开放政策了不起。几个韩国人干脆说它是亚洲第一流的——秦征师徒却不愿意人们这么大惊小怪,舆论太大就容易引起人们注意。万一哪位大人物不喜欢,说句什么话,岂不麻烦!他们希望自己的作品悄悄地先活下去。在人们的心目中生根、发芽,强大,成熟到血肉丰满,真正成为天津站绝对不可少的一部分,那时才能说《精卫填海》站住了。据传最近有位领导同志发话了:"天津站画了裸体,可这裸体看着不腻味。"

大家都盼着北京机场的"壁画风波"不再重演。精卫的命运肯定比那淋浴的裸女的命运要好。

与你共品
yu ni gong pin

这篇文章写在天津火车站建站一百周年之际的事。作者先撇开一笔,谈到了建筑的艺术性,然后再转到天津的新车站,最后落笔在候车大厅屋顶上那幅《精卫填海》图上。文章除全面介绍这幅绘画的美丽和艺术性外,还介绍了这幅绘画诞生的过程。文章的用意不仅仅在于向世人介绍这幅《精卫填海》图,而是这样一幅具有超前意识的建筑油画给人震撼之余,会引起怎样的反映和后果呢?作者把这一思考留给了每一位读者。

个性独悟
ge xing du wu

★作者认为建筑应该体现出什么?
★艺术家秦征为什么坚持用《精卫填海》作为天津火车站的穹顶

巨幅油画？"老龙头车站"的巨幅油画，引起了哪些不同的反应？

★本文是为天津站建站 100 周年而作，为什么题目为《精卫的震撼》？

快乐阅读
kuai le yue du

霞 / ··· 冰 心

霞，是我的老朋友了！我童年在海边、在山上，她是我最熟悉最美丽的小伙伴。她每早每晚都在光明中和我说"早上好"或"明天见"。但我直到几十年以后，才体会到云彩愈多，霞光才愈美丽，从云翳中外露的霞光，才是璀璨多彩的。

生命中不是只有快乐，也不是只有痛苦，快乐和痛苦是相生相成，互相衬托了。

快乐是一抹微云，痛苦是压城的乌云，这不同的云彩，在你生命的天边重叠着，在"夕阳无限好"的时节，就给你造成一个美丽的黄昏。

一个生命会到了"只是近黄昏"的时节，落霞也许会使人留恋、惆怅。但人类的生命是永不止息的，地球不停地绕着太阳转。我窗前的晚霞，正向美国东岸的慰冰湖上走去……

1981 年 4 月 26 日清晨

与你共品
yu ni gong pin

在哲人眼里，物是理的载体；在诗人眼里，物是情的依托。冰心笔下的《霞》却是既有情，又有理。

在你读《霞》的时候，你会感受到一位慈祥的老奶奶坐在凉风习习的小院里,摸着你的头,向你絮语,好温柔,好亲切,好细腻。絮语中也许流露出一些淡淡的惆怅,然而,你再仔细品味,冰心奶奶的人生感悟却是那么深刻,那么耐人寻味,即使是悟性欠佳的读者,也会得到启迪。

个性独悟
ge xing du wu

★文章的第一、二自然段在全文中有何作用?

★结合全文的主旨,说说"从云翳中外露的霞光,才是璀璨多彩的"一句的深刻含义。

★达夫先生说冰心的散文有"意在言外"的特点。请你将"我窗前的晚霞,正向美国东岸的慰冰湖上走去……"一句的"言外之意"写在下面。(提示:①文末的省略号表示作者没有明说的"言外之意";②请注意文尾注明的写作时间;③冰心写本文时,已是81岁高龄,1923~1926年她曾赴美国学习英国文学,并写下了著名的《寄小读者》;④本题属于读者与作者感情交融,揣度性的题目,答案可以多样,但要符合文理文脉。)

快乐阅读
kuai le yue du

黄 昏/···茅 盾

海是深绿色的,说不上光滑;排了队的小浪开正步走,数不清有多少,喊着口令"一 二 —— 一"似的,朝喇叭口的海塘来了。挤到沙滩边,啵渐! ——队伍解散,喷着愤怒的白沫。然而后一排又赶着扑上来了。

三只五只的白鸥轻轻地掠过,翅膀扑着波浪—— 一点一点躁怒起来的波浪。

风在掌号。冲锋号! 小波浪跳跃着,每一个都像个大眼睛,闪射着金光。满海全是金眼睛,全在跳跃。海塘下轰隆轰隆地腾起了喊杀。

而这些海的跳跃着的金眼睛重重叠叠一排接一排,一排怒似一排,一排比一排浓溢着血色的赤,连到天边,成为绀金色的一抹。这上头,半轮火红的夕阳!

半边天烧红了,重甸甸地压在夕阳的光头上。

愤怒地挣扎的夕阳似乎在说:

——哦,哦! 我已经尽了今天的历史的使命,我已经走完了今天的路程了! 现在,现在,是我的休息时间到了,是我的死期到了! 哦,哦! 却也是我的新生期快开始了! 明天,从海的那一头,我将威武地升起来,给你们光明,给你们温暖,给你们快乐!

呼——呼——

风带着永远不会死的太阳的宣言到全世界。高的喜马拉雅山的最高峰,广袤的太平洋,阴郁的古老的小村落,银的白光冰凝了的都市—— 一切一切,夕阳都喷上了一口血焰!

二点三点白鸥划破了渐变为赭色的天空。

风带着夕阳的宣言去了。

像忽然熔化了似的;海的无数跳跃的金眼睛摊平为暗绿的大面孔。

远处有悲壮的笳声。夜的黑幕沉重地将落未落。

不知到什么地方去过一夜的风,忽然又回来了,这回是打着鼓似的:勃仑仑,勃仑仑! 不单是风,有雷! 风挟着雷声。

海又动荡,波浪跳起来,轰! 轰!

在夜的海上,大风雨来了!

与你共品

这是一篇精美的小散文,作者以大海为背景,以海浪的变幻作映衬来写"黄昏",为读者着意刻画一幅撼人心魄的壮美的夕阳图。全篇文字不着"黄昏",却又无不在描写黄昏,如"满海全是金眼睛,全在跳跃";又如"半边天烧红了,重甸甸地压在夕阳的光头上"。当黄昏的夕阳即将被夜的黑幕所吞没的时候,没有半点怯弱及哀伤,而是在走向生命的死期的时候仍悲壮地宣誓:"……我的新生期快开始了!明天,从海的那一头,我将威武地升起来,给你们光明,给你们温暖,给你们快乐!"

全文以象征的手法,赋予"黄昏中的夕阳"明确的象征意义,以夕阳来写黄昏,歌颂了夕阳那种坚强的斗志及崇高的精神品格——愿做光明的使者,把光明、温暖与快乐带给大家。

个性独悟
ge xing du wu

★本文采用的是什么表现手法?
★本文写黄昏,写出了它的变化。说说是怎么变化的?
★本文采用了很多修辞手法,请各举一例说说。

快乐阅读
kuai le yue du

星星缀满天空／ ··· 鲍尔吉·原野

星星对我展示一种人格化的亲近姿态,是在达里湖畔的一个夜晚。

达里湖形似一牛肩胛骨,位于克什克腾草原的西北边缘。我们到达之时已届仲秋,湖边遍生红草,像一堆堆暗燃的炭火,驱逐已经逼人肌肤的寒意。达里湖在蓝得刺眼的天空下悠然映出远山的倒影。在人迹罕至的蒙古高原,此湖安闲丰腴，像赋闲的天神。远眺湖面，鸥鸟飞落，浪挽涟漪，无意中领会到达里湖的女性化气息。难怪当地有传说，把神称为"达丽娘娘"。

看达里湖，你要调动好精神，一口气把它看够，然后头也不回地离开。心若一软，贪图眼神回头再看一眼，就难免又看上半天。所谓"流连忘返"就是这个意思。你看到了什么呢？无非湖光山色，它如亘古不移又似瞬息万变。造化和人工的区别就在这里：人之手下无论多么巧妙的制品，刺绣也罢，园林也罢，总是极尽复杂，然而观者一目了然。自然展示的是单纯，好像啥也没有，浑然而已，却给人以欣赏不尽和欲进一步了解而又无奈的境界。譬如看达里湖的蓝，令人惊羡，宛如在蓝中还有什么更美的东西。想起了一本台湾畅销书：《最蓝的蓝》。

入夜，我们几个不怕冷的人决意在湖畔的蒙古包下榻。蒙古包的样式设施均好，但这宜于夏夜里睡，离地半尺无遮拦，冷风自由来去。十多个人盖着被子和大衣挤在一起，在烛光下讲些稀奇古怪的故事。近子夜，我出外解手，却被眼前的景象惊呆得说不出话来。

满天的星星肃然排列，迎面注视着你。它们好像在蒙古包外等候了多时。在这里看星星，星星们在你眼前亮起，一直亮到了脑后。你仿佛把头伸进了一座古钟里面，内里嵌满活生生的星星。我顿悟《敕勒歌》中为什么有"天似穹庐"的句子。在这里看，天原本就是一个硕大的圆形屋顶。很低很矮，始终伏在人的脚底下，好像一抬脚，哪里都可以去得到。这儿的屋舍牛栏也是谦逊的，绝无都市大厦的傲慢。

站在夜风中的达里湖畔，脚下是地，遥遥与地相接的远方就是天了，因为那儿星斗闪烁。在草原看星星，无须仰头，可如观壁画一般平视。李白诗云"云傍马头生"，不是虚言。在这里，星星会像铃铛一样系在马鬃旁。先人称"天圆地方"，不错不错。以往看星星，觉得它们清冷遥远。在沈阳，几乎无星星可看。这里的星群太生动了，每个星都像伸着头在观察我。这里的星星多得很，它们拥挤嬉笑，它们矜持沉思。看到它们，我想起"摇摇欲坠"这个不太好听的词。星星和达里湖只有一步之遥了。也许它们已经看清了人间的事情，便不欲进一步深入了。台湾诗人郑愁予将星星亲昵地称作"星子"，我看到的真是一群有灵性的星子。星子们，你们是别在哪一位酒醉的天神衣襟上的徽章呢？他跟跟跄跄地把你们携到了这里。这位天神一定是英雄，不然怎么会拥有你们这些精灵。银河在头顶疏然一束，怕会是天神从肩上滑下的羊毛围巾呢。

与你共品
yu ni gong pin

　　鲍吉尔·原野是一位蒙古族作家。这篇《星星缀满天空》体现了他善于发现寻常事物中的意趣和行文活泼的创作特色。

　　作者在仲秋时节来到位于内蒙古高原的达里湖游览。但他并没有按照游踪一路写来,只是写了远眺湖面和遥望星空两件事;也未对景物进行详尽的描摹和如实的再现,而是抓住了自己内心瞬间感受以富有想象的笔调尽情铺陈抒写。读罢全文,我们感到作者把我们带进了一个富于神话色彩的瑰丽的世界。

个性独悟
ge xing du wu

　　★阅读文章后你认为达里湖美在哪里?

　　★自然的造化与人工景物的区别是什么?

　　★文中用"天似穹庐"来形容什么景象?文中用李白的"云傍马头生"来形容什么景象?

　　★文章结尾将星星称为星子、精灵,表达了作者怎样的感情?

快乐阅读
kuai le yue du

野性的林 /····柳 嘉

　　在海南岛,我登上了高高的尖峰岭。

　　瞧那辽阔、深邃汪洋似的林海,莽莽苍苍,层层叠叠,涌着无垠的绿涛,横亘在眼前,那情调是多么粗犷。当我们进入林中,瞧着那藤萝缠绕、蕨类丛生,横如帐幔的林墙,邃如深渊的林窟,密如桩柱的林干,又使人坠入了朦胧的神秘之感里。

这亚热带的原始森林多么富于野性。

我在这里看到了力的素描和写生。野性不就是力的象征! 雪莱的名句说得多好:"万物由于自然律,都必融会于一种精神。"我却从森林里瞧出了大自然神笔的气势。它的铁画银钩倔强而刚劲。没有亘古如一的精神,便不可能有万物的滋生。每一粒种子落入土里便是力的萌芽,然后便有力地茁壮成长。你瞧那每一棵树都挺拔而昂扬,没有丝毫悠游的逸致,也没有一点儿踌躇犹豫的迹象。它们只是一个劲地拼命向上长,朝着晴空,朝着雨露,朝着阳光。看得出来,在这横七竖八的密林里,它的生长并不容易,在青春时显然是十分艰苦的,彼此间曾经出现过力的较量和搏斗。看那桢楠合抱着铁桐,南山榕的气根绞勒着另一株大树,它们成长起来了。有的巨大得像擎天的柱石,几乎多人才能合抱;有的高达数十米,仰着头还看不到它的尖顶;它们的根长成板状,一块一块的深深地隐入地里,仿佛是艘万吨巨轮的舵,支撑着这巨蘗固如磐石。于是,我从这些勃勃的生机中好像听到了山林的心跳,看到了最美妙的刻画力的珍品。

野性的林具有最纯真、最朴素的美。它毫不做作,既没有病态,也没有畸形。它是这样浑厚、丰满而斑斓。因为它包罗、积累并融合了从古至今林中最美好的种属、质地和品性。被称为活化石的几千年前繁茂滋生的树蕨和铁桐依然健在。仅仅二万余亩的林区便有千种以上的乔木和草木,难道这还不够浑厚和丰满?绿楠干细似杖,乌桕蕨茎粗如椽,黄桐高可擎天,铺地蜈蚣低与脚齐,高山蒲葵叶大如伞,五列木青红相间,鸡藤果花纹五色,猕猴桃有方有圆,难道这还不够斑斓奇丽?依然这千姿百态都富于原始的健美,每一棵树都闪烁着生命的光华,茁壮的异彩。春天的光,夏日的雨,秋季的风,隆冬的霜都为它们淡抹浓妆,使守林人觉得春色新,促人振奋;夏色暖,叫人舒坦;秋色金,令人欢欣;冬色凝,使人坚定。他们也像森林里的树一样,爱上了这块土地,蒂固根深。

我们愈往里去,只觉得绿的色彩愈重,泥土的气息愈浓,遍地的野趣也愈迷人了。我们可以从清脆的鸟声里听出画眉、白鹤、原鸡这些山野的精灵们对森林的热爱;从错什的蹄印里看出鹿、豹、山猿、黄狼、马猴、野鸡,以至蟒蛇,这些丛林的壮士们依恋故土的深情。待我们到达森林的中心,越过淙淙的流泉,树丛尖端的奇景便展现在我们的头顶。在那万木之巅,各种吊兰如盆景低垂,碎骨补似繁花四散,奇花异草在树尖儿争妍斗丽,组成了一个奇异的空中大花园。啊!高山盈盈,林木青青,异卉缤纷,我们竟可以从这儿追思到古森林那千姿百态的风光,使我们的美感向着智慧的高度上升。

终于,我从力和美之中看到了希望。它们并不平庸,也毫不温驯,虽貌似粗鲁、莽撞,但却充满活力。野性难道不就是一种敢于拼搏和不屈不挠的性格吗!在这儿,随处都可以找到这可贵品质的特征。瞧,所有的树木都坚信自己有立于众树之林的能力,它们从来也没有片刻放弃对光和热执着的追求。那先锋树种乘风飞来,落地生根。不论岁月多么漫长,它们凭借自己的力量便可以世代更新,绵绵不绝。

野性的林让我们获得了力的启示,美的意念,希望的鼓舞和鞭策。我们虽然奔走竟日,却只感到清新的欢乐而毫无倦意。

与你共品
yu ni gong pin

柳嘉,原名刘家泽,广西桂林人。著有散文集《山山水水》《野性的林》等。本文描写和赞颂了"林"的"野性"。文章开篇,就以充满激情的笔触,描绘了一幅亚热带原始森林的壮丽画面。茫茫林海,是那样洋溢着"粗犷"的"情调",充满着"朦胧的神秘"的色彩,为下文赞林的野性定下了昂扬的基调。文章从"力"和"美"两个方面阐发了"林"的"野性"的特征,"力"和"美"是"野性"的两个重要特征,而"力"则是它的基本属性,所以,作者对"美"的描写,着眼于"富于原始"的"健美",着力展现它的"生命的光华""茁壮的异彩"。"林"的"野性"美,体现在它的"浑厚、丰满而斑斓"。

个性独悟
ge xing du wu

★文章从哪两个方面阐发了"林"的"野性"的特征?"野性林"的"美"体现在哪?

★第七段中哪句话揭示了林的"野性"的深刻内涵?

★"我们虽然奔走竟日,却只感到清新的欢乐而毫无倦意"的原因是什么?

快乐阅读
kuai le yue du

翡冷翠山居闲话/··· 徐志摩

在这里出门散步去,上山或是下山,在一个晴好的 5 月的向晚,正像是去赴一个美的宴会,比如去一果子园,那边每株树上都是满挂着诗情最秀逸的果实,假如你单是站着看还不满意时,只要你一伸手就可以采取,可以恣尝鲜味,足够你性灵的迷醉。阳光正好暖和,决不过暖;风息是温驯的,而且往往因为他是从繁花的山林里吹度过来,他带来一股幽远的澹香,连着一息滋润的水汽,摩挲着你的颜面,轻绕着你的肩腰,就这单纯的呼吸已是无穷的愉快;空气总是明净的,近谷内不生烟,远山上不起霭,那美秀风景的全部正像画片似的展露在你的眼前,供你闲暇地鉴赏。

做客山中的妙处,尤在你永不须踌躇你的服色与体态;你不妨摇曳着一头的蓬草,不妨纵容你满腮的苔藓;你爱穿什么就穿什么;扮一个牧童,扮一个渔翁,装一个农夫,装一个走江湖的桀卜闪,装一个猎户;你再不必提心整理你的领结,你尽可以不用领结,给你的颈根与胸膛一半日的自由,你可以拿一条这边艳色的长巾包在你的头上,学一个太平洋军的头目,或是拜伦那埃及装的姿态;但最要紧的是穿上你最旧的旧鞋,别管他模样不佳,他们是顶可爱的好友,他们承着你的体重却不叫你记起你还有一双脚在你的底下。

这样的玩顶好是不要约伴,我竟想严格的取缔,只许你独身;因为有了伴多少总得叫你分心,尤其是年轻的女伴,那是最危险最专制不过的旅伴,你应得躲避她像你躲避青草里一条美丽的花蛇!平常我们从自己家里走到朋友的家里,或是我们执事的地方,那无非是在同一个大牢里从一间狱室移到另一间狱室去,拘束永远跟着我们,自由永远寻不到我们;但在这春夏间美秀的山中或乡间你要是有机会独身闲逛时,那才是你福星高照的时候,那才是你实际领受,亲口尝味,自由与自在的时候,那才是你肉体与灵魂行动一致的时候;朋友们,我们多长一岁年纪往往只是加重我们头上的枷,加累我们脚胫上的链,我们见小孩子在草里在沙堆里在浅水里打滚作乐,或是看见小猫追他自己的尾巴,何尝没有羡慕的时候,但我们的枷,我们的链永远是制定我们行动的上司!所以只有你单身奔赴大自然的怀抱时,像一个裸体的小孩扑入他母亲的怀抱时,你才知道灵魂的愉快是怎样的,单是活着的快乐是怎样的,单就呼吸单就走道单就张眼看耸耳听的幸福是怎样的。<u>因此你得严格的为己,极端的自私,只许你,体魄与性灵,与自然同在一个脉搏里跳动,同在一个音波里起伏,同在一个神奇的宇宙里自得。我们浑朴的天真是像含羞的草似的娇柔,一经同样的抵触,他就卷了起来,但在澄静的日光下,和风中,他的姿态是自然的,他的生活是无阻碍的。</u>

你一个人漫游的时候,你就会在青草里坐地仰卧,甚至有时打滚,因为草的和暖的颜色自然的唤起你童稚的活泼;在静僻的道上你就会不自主的狂舞,看着你自己的身影幻出种种诡异的变相,因为道旁树木的阴影在他们迂徐的婆娑里暗示你舞蹈的快乐;他也会得信口的歌唱,偶尔记起断片的音调,与你自己随口的小曲,因为树林中的莺燕告诉你春光是应得赞美的;更不必说你的胸襟自然会跟着漫长的山径开拓,你的心地会看着澄蓝的天空静定,你的思想和着山罅间的水声,山罅里的泉响,有时一澄到底的清澈,有时激起成章的波动,流,流,流入凉爽的橄榄林中,流入妩媚的阿诺河去……

并且你不但不须约伴,每逢这样的旅行,你也不必带书。书是理想的伴侣,但你应得带书,是在火车上,在你住处的客室里,不是在你独身漫步的时候。什么伟大的深沉的鼓舞的清明的优美的思想的根源不是可以在风籁中,云彩里,山势与地形的起伏里,花草的颜色与香息里寻得?自然是最伟大的一部分,葛德说,在他每一页的字句里我们读得最深奥的消息。并且这书上的文字是人人懂得的;阿尔帕斯与五老峰,雪西里与普陀山,莱茵河与扬子江,梨梦湖与西子湖,建兰与琼花,杭州西溪的芦雪与威尼市夕照的红潮,百灵与夜莺,更不提一般黄的黄麦,一般紫的紫藤,一般青的青草同在大地上生长,同在和风中波动——他们应用的符号是永远一致的,他们的意义是永远明显的,只要你自己性灵上不长疮瘢,眼不盲,耳不塞,这无形迹的最高等教育便永远是你的名分,这不取费的最珍贵的补剂便永远供你的受用;只要你认识了这一部书,你在这世界上寂寞时便不寂寞,穷困时不穷困,苦恼时有安慰,挫折时有激励,软弱时有督责,迷失时有南针。

与你共品
yu ni gong pin

　　徐志摩(1896~1931),浙江宁海人,现代著名诗人,也是一位卓有成就的散文作家。

　　本文集中表现了作者热爱大自然、热爱生命、热爱自由的思想感情。文章语言流畅,想象丰富,感情浓郁,诗意盎然,具有强烈的感染力。

个性独悟
ge xing du wu

　　★文章开篇描写了哪几种景物?请写出各种景物的特点。

　　★为什么说"我们多长一岁年纪往往只是加重我们头上的枷,加累我们脚胫上的链"?

　　★文中画线句的含义是什么?

　　★文章在写你一个人漫游的时候,从哪几个方面写心情的轻松和愉悦?

快乐阅读
kuai le yue du

月光下面的马蹄 / ···程鳖眉

"我迷恋月光下面的事物由来已久……"

读到这个句子时,我吓了一大跳,我以为遇见了自己的鬼魂——这是女作家林白散文中的一个句子,而我,也曾经写过同样的话。

这样的句子会让我想起那个叫做红岸的地方,那里的冬天雪花飞舞。我常常在夜晚的冰河上滑来滑去,两手展开,就像飞起一样,一串一串的树木从身边闪过,我的头发在空中飘飞。冰河上的月光凄美而阴凉,沿着我细柔的发丝,一根一根地渗进我温暖的皮肤,我的皮肤开始苍白、冰凉,散发出鬼魅的迷蒙,然后变得妩媚而妖娆。

我迷恋于那样的月光之下,那少年人的月光和月光下面的梨树、冰河;横跨两岸的铁路桥上,铁轨发出幽幽的冰冷的光,封锁着我年少的热情,我从此开始内心冰冷的路途,月光陪我唱着不疲的歌。

还有冰河上行走的马车,长长的一排排,穿过我年少的视线,渐渐走远。唯有马蹄的嘚嘚声响长久地回荡在月光少年的梦境之中。

那是我的马蹄,我的马车。

我常常幻想坐上那马车,带着那嘚嘚的马蹄声响,穿过这道冰河,然后上路,去远方。

<u>a.后来我真的离开了红岸,一走就是 16 年,红岸的月光一直追着我 16 年,和我的马蹄,我的马车。</u>

我想林白在迷恋月光下面事物时也一定是在她的那个叫做沙街的小镇,那里的阳光给她的皮肤染上了赤道般的迷人色泽。但是她身上的鬼气,一定是沙街的月光,曾经抚摸了她。

我时常血冷,指尖冰凉,有着少年人罕见的冷静和忧伤。以至成年的我缺乏激情,在热闹的场所里面孤独和游离。在我不安和迟疑的时候,那个恍若隔世的月光少年,会从远处走来,陪伴我,她和我,一起默默地看流年远逝。

被冰河上的月光弥漫的少年巫气丛生,从眼睛到皮肤,全身的每一处,都敏感和惊异,她屡屡预见,一眼就能穿透事物的本质,让别人不安,自己也恐惧。冰河上的月光,给了她洞明如水的眼睛,让她刀枪不入,直指人心。

月光下面的事物,铺展了我脚下的每一寸旅路,穿过草地、羊群、雪山和冰原。b.月光与我如影随形,我拥有它们,拥有着别人无法知晓的隐秘的欢愉,这让冷郁的我有了与世共存的依靠。月光下面,我从容、安静、超凡脱俗、虚怀若谷,享受着另外一种无法比拟的华美的幸福。

但是月光也给了我内心最深处的柔软,那一年在意大利的翡冷翠,夜半时分,我被一种沙沙的声音惊醒。我走下地,来到窗前,推开木质的百叶窗,顿时一窗的月光泻满整个房间——我看到月光在流淌,沿着我的脖颈,流向我的乳房,我的腹部,我的双腿,一直到我的脚趾。

窗台上的一盆我叫不出名的植物逶逶迤迤地沿着窗台滑落下来,那灰绿色的叶片在月的清辉下纹路凛然,一丝一丝的纤维就像我少年时血管里流淌的鲜血,澎湃而鲜活,我惊讶地听到它们微微的喘息……

那一刻,月光让我心生奇异的苍凉,我没有像以往那样急急地叫醒熟睡中的T,这是我独自的月光吧!我少年的月光,在翡冷翠的深夜,照进了意大利的这个小旅馆,古老的木椅上面搭着我落满尘埃的旅衣,还有墙上的一幅画,一个少年、手持一柄剑,少年的目光纯美而锐利。

我又看到了我遥远的月光少年的晶亮眼睛,在漆黑的夜里,闪烁着特异的光泽。

月光少年的马蹄声嘚嘚踏来了,从遥远的红岸,到异国他乡,还有,我的马车。

那个意大利的夜晚让我想起在中国看过的一部外国电影《爱在星空下》,一个少年侏儒的成长故事:少年没有父亲,没有朋友,他最大的快乐就是在每一个夜晚,笨拙地爬到屋顶上看星星,星空给了他孤独而忧伤。有一天,他的母亲也上一屋顶,与儿子一起望那些灿烂的星星,那一刻母亲告诉儿子:唯有你拥有那些爱笑的星辰。儿子笑了,我的眼里却涌满了泪水。

我一无所有,可是我拥有月光少年的马蹄。我向往那嘚嘚声响踏入我梦,即使我已经白发苍苍。

对着一朵花微笑

与你共品
yu ni gong pin

作者迷恋月光,因为月光下有"我"的马蹄、"我"的马车,那是我童年的故事、童年的梦乡。

如今,不管我飘流到哪里,那月光下的马蹄将永远伴随着我。

个性独悟
ge xing du wu

★开篇作者引用女散文作家林白的"我迷恋月光下的事物由来已久"的作用是什么?第三、四自然段月光下的景物描写有什么特点?作者为什么用这种笔调描写它?

★第八自然段画线a处应怎样理解?第十二自然段画线b处的语句有着怎样的内涵?

快乐阅读
kuai le yue du

新　叶/···李　松

一夜春雨。清晨,我撩开白色的窗幔,一眼瞥见小窗下那几根刷光秃秃的枝条上,冷不丁里爆发出些淡绿、鹅黄色的嫩芽。"新叶!"我不由得眼睛刷地一亮,惊喜地叫出声来。陡然觉得一阵清风带着春的气息从胸间穿过。"啊! 你好,新叶! "

大自然里的花五彩缤纷,而"绿色的花"却十分罕见,如果说我见过的话,那就是新叶了。

人们总把燕子飞来当作春天来临的预告,而我认为,新叶,才真正称得上春的使者。早在严酷的冬天,它就怀着自己的信念和希冀,坚贞执着地等待着,积蓄着,一当冰消雪化,它便急不可耐地从干枝秃条上冒出来,怯怯地朝四处窥探一眼,然后,轻轻抖动小小的身子,亲热地互相招呼着,迎阳光、沐春雨、尽情舒展开来。不几天,就星星点点地缀满一树,展示出蓬勃的生机。

新叶一天天长大了,伴着春的脚步。转眼间,便是满眼碧绿。仰头望去,在阳光的照射下,片片澄明透亮,青翠欲滴,恰似一芽鲜嫩的新茶投入沸水里。老远看来,却见一团团、一簇簇,浓淡相间,亭亭如盖。密处,浓得深邃,像汩汩流油;稀处,淡得清亮,像一层薄薄的光晕。

然而,倘若它只有惹人喜爱的风姿,怎值得我动之以情?留意观察许久,我发现一些更使我敬慕的——它的德行和情操。

新叶的一生是短暂的。春天萌芽,夏日生长,秋风起后,大都飘飘去了。短暂的一生,却洋溢着无穷的活力和对生活的爱。首先,它从不挑剔所处环境的恶劣,可安家于深山僻野,或置身于繁街闹市,忠守在自己的岗位上,于地不争丰瘠,于人但求有益。它辛勤地工作着,日夜不停地吸收二氧化碳,输出新鲜氧气。它用自己的身体装点河山,美化环境,为大道挡阳拦沙,为路人庇荫遮雨。它扶持着香甜的果实、艳丽的花朵,却从不炫耀自己,默默地专心致志地垂着绿荫,谦逊而不卑贱,清高而不孤傲,淡妆自持,深根自养,忘我奉献。大地的乳汁养育了它,它报以一腔忠诚,即使凋落下来,也总是挤挤地集在树根前,不肯离去。而且,大多是叶面朝下,把最后一吻献给母亲!

也许是因为“绿肥红瘦”的缘故,花朵常常比绿叶更容易博得人们欢心。可是红花虽好,还需绿叶扶持;没有绿叶的“无穷碧”又哪来花朵的“别样红”?我赞美绿叶,尽管我也十分喜欢花朵。

新叶青青,使我忽然想到:即使不能做一朵流芳溢彩的鲜花,做一片纯净高尚的绿叶又何乐而不为呢。人生,本该像它一样青翠、蓬勃、谦逊、勤恳。

朋友,愿你生命之树,永远长满绿油油的新叶,四季常青。

与你共品

yu ni gong pin

它扶持着香甜的果实、艳丽的花朵,却从不炫耀自己,默默地专

对着一朵花微笑

心致志地垂着绿荫,谦逊而不卑贱,清高而不孤傲,淡妆自持,深根自养,忘我奉献。这就是作者笔下的"新叶",但这仅仅是大自然中的新叶吗?阅读此文后,会引起你更多的思索。

个性独悟
ge xing du wu

★文中第一段中描写作者内心感觉的一句话是哪一句？它表达了作者怎样的心情。

★文中第四段是怎样来写绿叶的？

★绿叶对人生有什么启示意义？

快乐阅读
kuai le yue du

染绿的声音 / ···徐 迅

山居的日子,是在山中一座精巧的石头房里度过的。天天,我都被一种巨大的宁静所震慑着。经过许多尘嚣侵扰的心灵,陡然回归到这旷古未有的宁静之中,而又知道周围全是绿色的森林,心里似乎也注满了一汪清涟之水,轻盈盈的,如半山塘里绽放着的一朵睡莲。

也有声音,在白天的山峦;偶尔也有人语喧哗,幽谷回鸣。空山不见人,倒使人感觉到大森林的真切和人世的烟火之气。更多的是鸟声,从黎明的晨噪到傍晚的暮啼,耳闻着那密密松林里传出的啾啾鸟鸣,还可以看见那墨点般的小鸟,如大森林的音符跳荡着、栖落着。鸟鸣常常使大森林归于虚静,它天生就是一种虚幻的精灵呢!鸟声让人着迷地听,这时听出的就是一阵阵溅绿的声音。

当然有许多声音是有颜色的。如皑皑白雪，潺潺流泉，响动的就是一大片白；如春花秋菊的凋谢，细心的人也会听出它的艳红和鹅黄的色调。在大森林里，此时我被激动的不是这种颜色的声音，而是满山攒动着的森林——那浓绿浓绿的声音了。满山密密的松林、枫树、珍珠黄杨、翠竹……树丛间刮过的风也是绿的，绿将大森林融为碧翠的一体，分不清颜色的浓淡深浅。那声音自然也不用侧耳倾听，触目皆是——大森林的宁静固然会使人坠入前无古人，后无来者的孤独和虚空当中。而这染了绿的声音，却让人感到一种生命的快意和心灵的悸动。黎明的时候，"山路原无雨，空翠湿人衣"，森林里露珠"扑扑"滴落的声音，在我听出的是一种轻柔而凝重的绿色；森林静静肃立，树叶交柯，在我听出的是一种茁壮生长的蓬勃的绿色；狂风呼啸，排山倒海咆哮着的松涛，在我听出的是一种悲壮和磅礴的绿色；阳光照耀滔滔无边的绿海，阳光掠去又显出一江春水，在我听出的是一种恬淡而平和的绿色。……山居无事的时候，只要静静地穿行在这无边的大森林之中，我满心的尘垢，便一下子就被荡涤得无影无踪，只觉得身心惬意和愉悦，心中徒然就有层斑驳的绿爬上心壁，盈注着生命那清凉的绿意来。

听惯了这种声音，在夜里我常常睡不着觉。拥被而坐，此时周遭那染了绿的声音已渐渐无声无息，看很白的月光，慢慢浮上窗棂，月光里的绿色冷冷如春水荡漾着，使人感觉到那绿色的声音一定是被浓浓的月光所消融，隐翳在莽莽苍苍的大森林之中了。但这时这刻，我思想的羽翅还翩翩起伏着，希冀那染了绿色的声音出现。有风的夜晚，我看窗外的大山果然是混沌未开的一团绿色，那染了绿的松涛之声，铺天盖地地在我石屋周围。如狂飙般的春潮，惊涛拍岸，振聋发聩，让我激动得恨不得长啸……这些年，我知道我常常谛听水声，谛听鸟声，不仅是因为我对尘嚣之声异常地厌倦和唾弃，更多的是在寻找清纯的自然和人生的大自然。那是我生活须臾不可缺少的思想的源泉……若能轻轻地裹在这染了绿的声音里，心就会轻灵得像一朵绿荷，即便泊在波涛里滚动，那梦也是常常染了绿呢！

对
着
一
朵
花
微
笑

与你共品
yu ni gong pin

　　"通感",你明白它的意思吗?明明是听觉效果,声音嘛!却在感觉里成了视觉映像,绿色呀!于是有了标题"染绿的声音",而这种声音更伴着颜色流入了心底,这是人生和大自然最清纯的声音,在你的心灵世界里,也一定流淌过一种声音,你捕捉过她的颜色吗? 在以后的岁月里,不妨给梦披上彩色的衣裳!

个性独悟
ge xing du wu

　　★第二段中,作者对鸟声最富个性体验的句子是哪句?你是怎样理解这一句子的?第三段,作者说"那声音是有颜色的",请写出两种有颜色的声音。
　　★作者听"染绿"的声音,其真正目的是什么?

快乐阅读
kuai le yue du

对着一朵花微笑 / · · · 刘亮程

　　我一回头,身后的草全开花了。一大片。好像谁说了一个笑话,把一摊草惹笑了。
　　我正躺在山坡上想事情。是否我想的事情——一个人脑中的奇怪想法让草觉得好笑,在微风中笑得前仰后合。有的哈哈大笑,有的半掩芳唇,忍俊不禁。靠近我身边的两朵,一朵面朝我,张开薄的粉红花瓣,似有吟吟笑声入耳;

另一朵则扭头掩面,仍不能遮住笑颜。

我禁不住也笑了起来。先是微笑,继而哈哈大笑。

这是我第一次在荒野中,一个人笑出声来。

还有一次,我在麦地南边的一片绿草中睡了一觉。我太喜欢这片绿草了,墨绿墨绿,和周围的枯黄野地形成鲜明对比。

我想大概是一个月前,浇灌麦地的人没看好水,或许他把水放进麦田后睡觉去了。水漫过田埂,顺这条干沟漫漫而下。枯萎多年的荒草终于等来一次生机。那种绿,是积攒了多年的,一如我目光中的饥渴。我虽不能像一头牛一样扑过去,猛吃一顿,但我可以在绿草中睡一觉,和我喜爱的东西一起睡,做一个梦,也是满足。

一个在枯黄田野上劳忙半世的人,终于等来草木青青的一年。一小片。草木会不会等到我出人头地的一天?

这些简单地长几片叶、伸几条枝、开几瓣小花的草木,从没长高长大、没有茂盛过的草木,每年每年,从我少有笑容的脸和无精打采的行走中,看到的是否全是不景气?

我活得太严肃,呆板的脸似乎对生存已经麻木,忘了对一朵花微笑,为一片新叶欢欣和激动。这不容易开一次的花朵,难得长出的一片叶子,在荒野中,我的微笑可能是对一个卑小生命的欢迎和鼓励。就像青春芳草让我看到一生中那些还未到来的美好前景。

以后我觉得,我成了荒野中的一个。真正进入一片荒野其实不容易,荒野旷敞着,这个巨大的门让你努力进入时不经意已经走出来,成为外面人。它的细部永远对你紧闭着。

走近一株草、一滴水、一粒小虫的路可能更远。弄懂一棵草,并不仅限于把草喂到嘴里嚼嚼,尝尝味道。挖一个坑,把自己栽进去,浇点水,直愣愣站上半天,感觉到的可能只是腿酸脚麻和腰疼,并不能断定草木长在土里也是这般情景。人没有草木那样深的根,无法知道土深处的事情。人埋在自己的事情里,埋得暗无天日。人把一件件事干好,人就渐渐出来了。

我从草木身上得到的只是一些人的道理,并不是草木的道理。我自以为弄懂了它们,其实我弄懂了自己。我不懂它们。

对着一朵花微笑

与你共品
yu ni gong pin

　　文中"笑"字逗人,读完本文,你也一定会笑。文中赋予草儿人的情感,使无意识、无情感的小草似乎也有了意识、有了情感。本文用"对着一朵花微笑"作题,道出了深刻的哲理,生命要赞美和鼓励,草和读者能够从对方的微笑中获得无穷力量。

个性独悟
ge xing du wu

　　★说说"我一个人在旷野中笑出声来"的理由。你有过类似的经历吗? 请试着写一个片段。

　　★"少有笑容的脸,活得太严肃,对生存已经麻木。"你在生活中见过处在此种状态中的人吗? 谈谈你的见解。

　　★"人埋在自己的事情里,埋得暗无天日",你的生活是怎样的状态,谈谈你的感受。

　　★由"我从草木身上得到的只是一些人的道理"一句展开联想,写出你的感悟。

作文链接

我看夕阳 / ···任赫赫

不知从什么时候起,我开始喜欢上了每天放学时,漫步在学校大操场观看夕阳。

夕阳总是热情地迎接我,而我总是好奇地注视着它。秋天的夕阳,像用圆规画出的圆,又用鲜红着了色。那圆圆的、红红的夕阳就在离地平线不远的空中,向人们微笑着,使人感受到它的温暖与柔情。然而,夕阳毕竟不像初升的太阳那样充满活力,它没有早晨那样高昂,没有中午那样火热,更没有午后那令人流连忘返的妩媚。时间长了,我便想起古人的那句"夕阳无限好,只是近黄昏"。夕阳虽美,但它散发的却是生命即将结束时的余晖,它是没有追求的,只默默等待着末日的来临,所以它再美也不值得崇敬。这样想着,我很快离开了,之后的几天也再没有去看它。

一天,我无意中看到西边的天空有一大片彩霞,便不由自主地来到了原来观看夕阳的地方。此时,西方的半边天就像一个巨大的调色盘,各种色彩在里面混合着、变化着,不断产生新的颜色,又不断和其他色彩一起重叠、混合。中间是绯红色,往外是淡红,再往外是浅粉,然后是橘黄,橘黄的旁边是浅黄,浅黄和蓝配在一起,又出现了绿,还有一些说不出名字的色彩,也都和蓝紫色的天空融在一起。天空中像有无数朵形态各异的彩云在不停地变幻,又像有无数条五彩缤纷的丝绸在随风飘舞。远远望去,那一大片彩霞像一大幅流动的风景巨作,"镶嵌"在西方的天空中。而这幅风景巨作究竟是谁创作的呢?是夕阳,是看来平庸、"没有追求"的夕阳。此刻,在渐渐变深的天幕上,在迅速变幻的云层后,我仿佛看到了那比平时更圆、更红、更美的夕阳。

　　看着这夕阳造就的美景,我想:夕阳的生命虽然已经接近尾声,但它却没有因此而伤悲,它不仅在尽力展现自己的美,更可贵的是它还把周围的云朵打扮得更漂亮,创造出大自然变幻的美,却丝毫不计较自己的名和利!我们身边的一些老人不正像这夕阳一样吗?他们虽然年纪已经很大,但不悲观、不消极,还在尽自己所能地帮助他人,为社会做贡献。有的老人把自己一生的积蓄都捐给了希望小学;有的老人不顾病弱的身体在大街上义务维持交通秩序;还有的老人80多岁了还在指导博士生或进行学术交流。正像曹操在《龟虽寿》中所写的:"老骥伏枥,志在千里。烈士暮年,壮心不已。"这些像夕阳一样的老人,不是很值得我们尊敬吗?

　　夕阳,你虽没有了初升时的活力,却为傍晚的天空嵌上一幅美丽的风景画;你虽不像早上那样高昂,却始终保持着那乐于奉献的精神;你虽没有午时那火一般的热情,却能让我们感觉到你心中的赤诚;你虽没有午后那样妩媚,却留住了每一个从你身边走过的路人。你有自己的追求和崇高的理想。你不仅值得我尊敬,而且值得我学习、崇拜。

　　天渐渐黑下去了,夕阳也已坠落。而我的脑中又冒出了二句新诗:夕阳无限好,只因近黄昏。

【简 评】

　　"但得夕阳无限好,何须惆怅近黄昏。"小作者通过细致的观察、丰富的联想、细腻质朴的语言,描绘出一幅夕阳美景图。在赞美夕阳无限好的同时,以物喻人,讴歌了垂暮之年的老人如同夕阳,仍在发挥余热,为社会做着贡献。

趟过沧桑的情思／···孙 悦

匆匆走上天桥,侧头俯视夕阳笼罩下的上海,梦幻般的景致留住了我的脚步,让我久久地伫立于桥头。望着眼前的人潮涌动,车水马龙,不禁浮想联翩……

从一个小渔村演变成为中国经济的龙头和一扇对外窗口,一路走来,有过歌舞升平,有过困惑潦倒。上海的命运注定精彩,上海滩的情怀一言难尽。这座耀眼的城市聚集了太多的热情与智慧,纽约的繁华,巴黎的浪漫,伦敦的景致,它众揽于一身,提炼出了自己的核心:上海推崇的是一个"变"字!

难怪,仔细观察桥下路人的神情,松弛间流出一丝紧张,兴奋间溢出一丝疲惫。城市中纵横贯穿的网,笼住了所有上海人的心。曾怀念昔日坐黄包车、吃臭豆腐的日子,走街串巷唠叨张家长李家短的情景也历历在目,可生活在一个日新月异的城市,讲究的是开拓创新,是优胜劣汰。于是,慵懒的生活节奏变得紧凑,送走消失的旧时光,迎来奔腾的新时代!

当一方土地能够象征一个国家的发展,那更了不起的就是土地上的人民。正是这份殊荣与挑战,上海吸引了八方来客。

天桥的左侧便是上海火车站,每天从这里跨进上海的人有千千万万。一腔豪情,一份憧憬,来到这里坚定自身价值。时代的洪流不断冲刷,能留下的有几个,能增耀发光的又有多少! 尽管如此,涌向这里的人流不曾中断,毕竟上海所散发的独有魅力,是人人都向往的。有激烈的竞争,才有出类拔萃。开放式的发展,使这里的每一条街都有自己的故事,每一栋楼房都让人陶醉,每一草一木都携带着灵气。如今的上海真可谓是一座集东西方精髓的城市,一座现代与古典交融的城市,一座迈向未来的城市。没有人怀疑它的锦绣,世界同样期待着它再创奇迹!

…………

东西向的绿灯亮了,车流中断了我的思绪。经过天桥无数次,为何逗留于今日?或许是桥下的霓虹灯太夺人的眼球,或许是想在这复杂的城市中找寻自己的位置。作为一名上海人,本应有多一些的主人翁精神,将自身融入城市中,风雨同舟,命运与共。

百年沧桑,上海的今天值得我骄傲;百年的情怀,明天的上海正向我召唤!

【简 评】jian ping

站在天桥,眺望街景,缅怀申城的昔日,展望上海之未来,赞扬人民弃旧图新之变革,歌颂人民开拓创新的精神。文章思路清晰,脉络分明,并运用联想手法,将上海的今昔联系起来,充分地表达了主题。值得品味。

故乡的夜晚 /··· 阎薇倩

许多人曾把绚丽多彩的朝阳描绘成徐徐向我们走来的花枝招展的少女;更多的人也曾用那五彩缤纷的语言描绘出火红的夕阳熊熊燃烧的壮丽景象。我,却在夕阳西下之后,在这一派迷人的夜色之中,偶然捕捉到了星光的倩影……

是的, 在台灯银白色的光辉之下坐惯了的人是不晓得那夜晚的迷人色彩的。如果读书得暇,你站在窗口,远远眺望着那无边夜色,那是多么美好的享受啊! 你会觉得,那漫漫的夜色仿佛是一位含羞的少女,披着淡淡的青纱向你走来。那时,每个人所有的毛孔都会被她的花香所浸染,会为它的灰色的美丽所陶醉,以至于全身的血液都凝滞了。你如果伸出双臂幻想着去拥抱她,她断乎要远远地闪开你,好像躲避着你;如果你一动不动虔诚地静立在那里,忽又觉得已被她重重包裹在里面,或者已融化在她的气息之中……

她的脸上罩着薄薄的细纱,令人浮想翩翩,神秘莫测。当她飘然地立在遥远的地方,朝你闪动格外清澈的、蓝幽幽的明眸时,你会觉得她是多么调皮地挑逗着你啊。此时,我忽然记起郭沫若的《天上的街市》:

> 远远的街灯明了,
> 好像闪着无数的明星,
> 天上的明星现了,
> 好像点着无数的街灯。
> …………

的确,"那远处闪烁着的圣洁的光,已分不清哪里是灯或是星了"。这里是灯的海洋,这里是星的海洋。仰望空间,那天幕上竟镶嵌着无数晶莹的珠宝,就像那骤然揭开的灰色的贝壳,柔软的里层竟孕育着一层迷人的饱满的珍珠,万头攒动。然而这里与之不同的是,天幕中闪烁的光是银白色的。这,不禁使我又想起朱自清的《荷塘月色》中洁白的荷花!但我却觉得,这里,难道不比那"刚出浴的美人"般的荷花还要醉人吗?这竟使我的贪婪的私欲发作起来:伸开双臂去捕捉它来尽情地玩赏。然而,那又是怎样可笑的妄想啊——它们是圣洁的,"可远观而不可亵玩焉"!

当我微微动了一下由于痴神仰望而有些酸痛的脖颈的时候,与我眼光手行的远处,居然呈现出一片奇异的光的海洋。海面上波光粼粼,但没有汹涌的波涛,没有吼叫的海风。然而,这里并不是寂静的。听,那里有清脆的"嘀嘀嘀"的声音,噢,还有两颗闪亮的流星在后面紧紧追逐。不,不只这样的两颗,还有许许多多的,飞快地穿梭在这无边的灯海之中,好像它们已成为这个世界的垄断者。

就是在它们的统治下,那世界居然是这般绚烂多彩!瞧,那中间点缀的有红色的,绿色的,黄色的,银白的,都是一样的迷人;还有大的,小的;分明的,模糊的;遥远的,接近的;一颗一颗簇成一层一层,一层层又占据了那整个的空间!并且这个王国之中,又由星与灯描绘出了那许多高大建筑物与低矮的房屋的影!描绘出簇簇蠕动的人影!啊!这是一个怎样拥挤的世界啊!这人影、物影、灯影、星影又聚合成一片光的海洋,那是怎样美丽的世界! 那或许是宇宙间最盛大的聚会? 或许是天外人洒落的明珠在飞转吧? 啊,让我用什么来形容你呢? 我故乡的夜色!

我惊诧于这光与影的世界了! 我曾经伫立于朝阳和暮色之中,被她们的缤纷所陶醉。但我初次倾醉于这故乡的夜晚之中! 那是多么美丽的夜晚啊! 我兴奋,我激动,我要冲进她的怀抱,热烈地亲吻她,拥抱她,把一颗赤子心的所有的热爱之情全部倾泻于她的怀中……

啊! 那故乡的夜晚! 那迷人的星光与万家灯火!

【简 评】

这篇文章写故乡迷人的夜晚。作者以活泼的语言描绘了一幅夜色,星光、灯光的彩色画卷展示在我们面前。全文以夜色、星光和灯光为主线,作者当时的心情真实自然地流露在字里行间,相信读者一定能感受出文章的韵味。

故乡,远方

风光卷

焦灼的时候,可以来触摸湖的妥帖

软弱的时候,可以来汲取塔的耿介

　　湖动,塔静;湖是阴,塔是阳;湖躺着,塔立着;湖谦逊,塔高傲;湖依偎大地,塔向往天空;湖容纳游鱼,塔呼唤飞鸟。

　　焦灼的时候,可以来触摸湖的妥帖;软弱的时候,可以来汲取塔的耿介。塔与湖都是有灵魂的,它们的灵魂是千千万万人的灵魂,是北大的灵魂,湖水阴柔,好比江南不断的春雨;塔姿雄壮,恰似塞外猎猎的长风。

快乐阅读
kuai le yue du

巴厘的火焰 /··· 杨 朔

　　凡是到过印度尼西亚巴厘岛的人，不能不承认，这岛子确实有股迷惑人的力量。究竟从哪儿来的魔力，看法就不一致了。西方的游客好猎奇，看见家家户户的庭院里都有着宝塔似的神龛，处处竖立着怪眼圆睁的湿娃石膏像，于是对巴厘的印度教都抱着奇特的趣味，叫巴厘是"魔鬼之岛"。也有更多的人沉醉到别具风格的巴厘舞蹈和音乐里，被精美的木雕弄得眼花缭乱，忍不住从心里发出赞叹，叫巴厘是"诗岛"，是"天堂岛"。我自己呢，使我梦魂难忘的却是人，是性格炽热的巴厘人。写到这儿，我的心微微颤抖，从心底涌出一些聪俊的影子：有舞态轻盈的少女，有神采飞扬的少年乐师，有刚强英俊的战士，有端庄敦厚的长者……他们的身份阅历也许极不相同，但从他们的眼神里，从他们跳动的口里，我却看见了一点极其相同的东西。这是一股潜伏着的火焰，暗地里滚动飞舞，时刻都会喷发。我仿佛看见了巴厘的火山。

　　从东到西，整个巴厘横着一条火山的链子，形成岛子的脊椎骨。最高的是阿贡火山。不久前还大发过雷霆，喷着怒火。当我强忍着一股扑鼻的瓦斯气味，飞过阿贡火山时，我望见那火山张着参差不齐的大口，黑洞洞的，深不见底。喷溅的熔岩淌遍山野，白惨惨的，满山满野的树木都烧死了，只剩下干枯的枝叶。那情景，恍惚是满山积着的白皑皑的大雪，一片荒寒。更远处，望得见另外的火山，山口吞吐着浓烟，酝酿着一次新的爆发。这种惊心动魄的景象是十分少见的，但是想不到从巴厘人炽烈的眼神里，跳跃的胸口间，我又依稀看见了火山的影子。

对着一朵花微笑

这篇短小、清新、优美的游记散文,构思匠心独具,表面上以"巴厘的火焰"为题,而作者并没有用大量的文字去写火山,在字里行间,处处都提及了巴厘岛人,赞叹他们像火山一样炽热的性格,文章读来耐人寻味。

个性独悟
ge xing du wu

★作者是采用什么方法写巴厘岛人的?
★本文突出了杨朔散文的什么特点?

快乐阅读
kuai le yue du

叙利亚的卖水人/···尤 今

到位于沙漠地带的叙利亚去旅行,最不能忍受的,是它气候的干燥与闷热。喝下去的水,顷刻间便化成成串的汗,从额上淌下。

因为这样,叙利亚境内,不论大街小巷,不论白天晚上,都有着各式各样的卖水人。他们卖的,不是糖浆冰水,而是新鲜的水果汁。最常见的,有橙水、柠檬水和萝卜水。

这些新鲜果汁,价格便宜得叫人难以相信。比方说,一杯用4只鲜橙榨出来的果汁,才卖新币7毛钱,一杯以5条萝卜压成的萝卜水,才收新币9毛钱。据当地人告诉我:这些都是叙利亚盛产的水果,因为生产得多,价格也就贱了。

令我念念难忘的，倒不是这些又便宜又好喝的水果汁，而是那些卖水人。

为了吸引顾客，叙利亚的卖水人都出尽奇招来装饰他们的摊位。记得有位卖橙水的，把浑圆的橙堆得好像一座小山一样高，"橙山"上面，满满地插着制作精巧的塑胶花，远远看去，五彩缤纷，橙与花相互争艳。另有位卖萝卜水的，把他又肥又大的萝卜叠成一个奇特的图案，惹人驻足而观；这一观，当然便得"破财而饮"了。

最最可爱的，是一些吹笛子的卖水人。他们或站在购物中心，或站在马路旁边，身上挂着一个形似葫芦的巨型铝制水壶，手执笛子，放在嘴边，"咿咿唔唔"地吹出一支又一支幽幽怨怨的曲子。当你经过他身边时，他会用眼睛向你说话："来吧，来吧，那么热的天气，来喝一杯水吧！"试问，你能抗拒这样的诱惑吗？浸浴在笛子柔美的声音里，喝着从铝壶里倒出来的冰冷的酸柑水，你会觉得，整颗心都凉了起来。喝完以后，把杯子递还给他时，他会不由自主地说："再来一杯。"

卖水人浓厚的人情味，也叫人感动莫名。离我所下榻的旅舍不远处，有一摊卖柠檬水的，摊主是个脸上稚气尚未脱尽的年轻人。他卖的柠檬水，一杯 4 毛钱，够酸又够浓，确是解渴妙品。早晚经过那儿时，我总要停下来喝上两大杯，一天两趟，4 杯，加上外面的，总共 8 杯。喝到第三天时，他竟对我们说："你们晚上喝的，不必付钱。反正，我也要收摊了！"

听了这话，我恍惚间以为错误地闯入了《镜花缘》里的"君子国"了；但定睛一看，站在眼前的，却只是现代的一位卖水人——叙利亚一位笑口常开的卖水人……

与你共品
yu ni gong pin

这是一篇游记。作者尤今不描写叙利亚神奇美妙的自然风光，也不以奇闻怪见吸引读者，而是选取平常得不能再平常的卖水人作为记叙的重点，表达了对叙利亚卖水人淳朴、无私品质的赞美和怀念之情。文章语言平实朴素，在朴实平静的叙述之中表达了作者的真情实感，也让读者在轻松之中感受到了异域的风土人情。

对着一朵花微笑

个性独悟
ge xing du wu

★这篇游记题为"叙利亚的卖水人",但文章前三段都没有直接写到"卖水人",为什么?

★文中说吹笛子的卖水人"最可爱",那么他们的可爱之处表现在什么地方呢?请简述。

快乐阅读
kuai le yue du

访安徒生故乡 / ···介 挺

踏上丹麦的国土,首先想到了童话大王安徒生,参访安徒生的故居,成为此行的首选。

丹麦菲英岛有个叫欧登塞的城市,该城车站的东南,一条不宽的街道,石子铺成的路面两旁,米黄色的墙壁,茶色的尖脊屋顶,给人一种置身童话世界的感觉。1805 年 4 月 2 日安徒生在这里出生。那时欧登塞还是一个乡间小镇,世事变迁,把小镇带入了现代化,如今欧登塞已成为丹麦的第三大城市。

1905 年市政府将安徒生出生时的住房连同隔壁邻居的房舍一起收买,改建为安徒生博物馆,供人参观瞻仰。进门过长方形的门厅,是一间不足 10 平方米的小屋,当年安徒生就诞生在这里。那时全家靠父亲给人补鞋维持着朝不保夕的生活,住房自然不会讲究。屋前狭窄的走廊墙上,挂着一帧少女的相片,据说是安徒生曾经暗恋过的一位姑娘。安徒生一生未婚,布展者特地把这位姑娘的照片陈列于此,大概是后人为安徒生惋惜而做出表示。安徒生一生未婚的原因,有种说法是因为长相丑,姑娘看不上他,这当然是人们的猜测。

穿过走廊有个不大的房间,玻璃柜橱里摆满了安徒生与狄更斯十余年来往的书信。参观者无法看到书信内容,但从数量上足可看出两位文学巨匠交流之频繁和友谊之深厚。紧挨着的房间里,陈列着安徒生用过的书桌、座椅、一把黑布阳伞、戴过的礼帽、穿过的外套,以及三个破旧不堪的旅行皮箱。这些实物令人想起安徒生喜欢旅游,他说"旅行也是生活"。一生走过了欧洲大部分地区的安徒生,许多作品是在旅途中写成的。

另一个房间摆着安徒生用过的躺椅、书桌、杂物柜、茶具等。因博物馆系后人修建,尽管所有物件都是主人用过的,但陈设并非原貌。

拐弯抹角地走出这些小房间,来到一个敞亮的大厅,这是图书陈列室。一排排书架上整齐地放着世界 70 多种语言译本的安徒生著作。在靠墙的一排书架上,我找到了中国作家出版社、中国青年出版社、生活书店等出版的中文版《安徒生童话》。

安徒生两岁时,随父母迁居欧登塞老街的一处平房,在那里,他度过了"阴暗的没有乐趣的童年"。经过近 200 年的沧桑,老街的小屋仍保持原样:一条斜坡路边,一座低矮的墙上罩着大大的尖屋顶,看上去很不相称。他那著名的童话《丑小鸭》《卖火柴的小女孩》都是以此为背景的。

安徒生 11 岁时父亲去世,两年后母亲也改嫁了。懂事的安徒生想当一名歌剧演员,他要去哥本哈根,因为那里有歌剧院和艺术家。母亲拗不过他,只好由他去了。在一个凄凉的早晨,祖母亲自送他坐上了去哥本哈根的公共马车,这时安徒生才 14 岁。

少年安徒生只身来到首都,没有亲戚,没有朋友,更没有钱。他用自己的毅力和吃苦精神,学习过声乐、舞蹈、干过木匠。后来皇家歌剧院院长约那斯·古林为他弄到一笔助学金,送他进了哥本哈根大学。系统的学习充实了安徒生,为他以后的文学创作打下了基础。从此,安徒生在哥本哈根新港的一座楼内安了身。而今这座五层的楼房被修饰一新,红色的墙,白色的门窗,高雅大方。在三层一个窗户的下方,长方的标牌上标记着安徒生住此房间的年代。路过这里的人,多会驻足观看。窗外是通往世界各地的商港,当年这里相当繁华,来往的船只带来了新的信息,激发着安徒生的创作欲望,安徒生的许多作品都是在这里写成的。

安徒生的影子在丹麦到处可见,博物馆、艺术馆里陈列着他的照片,广场上竖立着他的塑像,商店里卖着他的童话主人公美人鱼和丑小鸭的工艺制品,他的许多作品被搬上了舞台、银幕和荧屏。安徒生童话中那些善良的形象、美好的理想,教育着一代又一代人。

根据安徒生童话《海的女儿》中小公主的形象创作的美人鱼塑像,现已成为丹麦的象征,这座栩栩如生的人身鱼尾铜雕,位于哥本哈根兰盖尼耶海岸。当初喜爱艺术的嘉士伯啤酒公司老板在里斯汀·雅克布森提议,将海的女儿的形象用雕塑的形式展示给人们,立即得到社会广泛的赞许。

1913 年雕塑家艾克森以自己夫人为模特儿,雕塑了这尊与真人一样大的雕像,端庄秀美,拖着一条鱼尾巴,坐在海边的岩石上,以企盼的目光,展示着她对人间生活的向往。

在过去的 80 年里,美人鱼铜像曾三次遭劫。其中美人鱼的头被盗过两次,手臂被盗一次。第一次被盗因警察无力破案,美人鱼的头下落不明,人们只得从艾克森的后人那里找到原设计图样,重新做了一个美人头。第二次断头几个月后,在一家商店里找了回来,但肇事者却逃之夭夭。美人鱼每遭一次劫难,便引起一次世界性的轰动,新闻媒体使美人鱼的知名度越来越高。现在来到哥本哈根的旅客,参观美人鱼雕塑成为必不可少的项目。

在美人鱼的盛名之下,人们不应该忘记为她塑造形象的雅克布森和艾克森,更应该记住赋予她灵魂的安徒生。

 **与你共品**
yu ni gong pin

相信我们对安徒生的童话故事都不会陌生,但这篇文章从一个新的角度介绍了安徒生和他的童话故事。文章侧重于作者的感受以及安徒生身后对丹麦的影响。阅读此文后,相信对同学们进一步地理解安徒生的童话故事是有裨益的。

个性独悟
GE XING DU WU

★作者参观了哪些地方?是如何描述这些建筑物的?
★为什么美人鱼每遭一次劫难,便引起一次世界性的轰动?

快乐阅读
KUAI LE YUE DU

在斜塔下 / ···穆 青

比萨,是意大利西部的一个古城,它坐落在阿诺河河口,距离古里亚海 12 公里。这个人口只有 10 万多一点儿的小城,由于保存着许多中世纪的古迹,一向是意大利著名的游览胜地。从文艺复兴的发源地佛罗伦萨城到比萨,乘汽车只要一个多小时,因此,来自世界各地的旅游者总是把两个城市连在一起游览,这就使这个古老的小城,终年游人不绝,相当繁荣。

比萨最著名的古迹是斜塔,它建于 1174 年,高 54.5 米。据说当年建造时,由于计算有误,奠基不慎,致使塔身倾斜,没想到正是这一缺陷,却使它成为著名的游览胜地。16 世纪,意大利伟大的科学家伽利略,曾在这里进行过著名的自由落体运动实验,他让两个重量不同的铁球,从塔顶自由落下,结果同时着地,一举推翻了亚里士多德关于重量不同的物体,下落的速度也不同的定理。从此,斜塔就更加名噪全球。多少年来,人们慕名来到这里,既为凭吊伽利略,也是为了观赏这座斜塔与众不同的风貌。

我们到比萨的那天,恰逢久雨初晴。斜塔耸立于绿草如茵的广场上,背衬着蓝天白云,在阳光照射下,显得既奇特而又很有气势。这座塔共高八层,呈圆柱形,塔身底层墙厚约两米左右,塔内有楼梯可以直登塔顶。塔身全部是白色大理石砌成,除塔顶和底层外,每层都有回廊,周围都环绕着 30 根大理石石柱。从整个造型上看,还是相当漂亮的。斜塔的一边是两座罗马式的教堂,它们和斜塔浑然一体,组成了一个古老的建筑群。

我们漫步在塔下,看到塔基南边已经下沉,致使整个塔身严重向南倾斜,斜度至少有六七度。从塔下向上望去,我总觉得塔上的游人随时有掉下来的危险。据向导告诉我,现在塔基仍在继续下陷,很多人都在担心斜塔的倒塌,但苦于找不出什么奇方良策来加以挽救。这座经历了800年风雨侵蚀的古塔,究竟还能保存多久,实在难以预料。

为了要找一个适当的角度,拍下这座古塔的斜姿,我打开相机,在游人中穿来穿去,几次试镜头,都发现一个身穿红衣的怪模怪样的女人,正斜靠在斜塔下不肯离去。她向游人们招手,但谁也没有理睬她,几个准备拍照的人也悄悄地收起相机走开了。

我想走过去看看,但主人迎面拦住我,把我引进塔旁教堂里参观去了。

大约半小时以后,当我们正在教堂里跟着向导听他讲解的时候,偶一回头,我又看到那个斜靠在塔下的红衣女人,不知什么时候已悄悄地站在我们身旁。这时,我仔细地打量着她,产生了一种十分离奇的幻觉,好像在这古老的教堂里,忽然出现了一个中世纪的幽灵。

她是一个60岁上下的干瘦的老妇人,穿着一身红色绣着花饰的衣裙,裙子很长,一直拖到脚背,下面露出一双白色的绣花鞋。她头戴一顶大檐软边的女帽,也是红色的,帽子不仅系有彩带,而且装饰着羽毛,这样就更使她那布满皱纹的面庞,显得格外清癯。很显然,这套奇特的服饰,绝不是现代的时装,不知道她是从哪个时代的旧箱底里翻拣出来的。它是那么陈旧,不仅颜色灰暗,有些地方还露出破烂的痕迹。这种古代王宫贵妇人的装束,人们今天恐怕只有在欧洲古典歌剧和绘画中才能看到了。现在它突然出现于旅游者的行列,总给人一种不伦不类、啼笑皆非的感觉。但,这个老妇人似乎并没有为此感到任何难堪,相反,从她的神色和态度上看,她倒是十分矜持的。

使我感到更加奇怪的是,她的腋下还夹着一把褪色的布伞,两手拎着两个很大的旅行袋,里面鼓鼓囊囊不知装了些什么东西。她静静地站在那里。倾听着向导的讲解,显出一副庄重的全神贯注的神气。但当向导讲完,大家纷纷提问的时候,她却开始活跃起来,在人堆里钻来钻去,不时向这个、那个人流露一种不大自然的笑容,使人觉得她是多么希望引起人们对她的注意呵!

参观的人终于陆续走散了,当我离开教堂的时候,又回头看了看,这空空荡荡的教堂里,只有她一个人站在神龛前,虔诚地做着祈祷,在她的身后,两个大旅行袋正一左一右地陪伴着它们伶仃的主人……

四

故乡·远方

　　她究竟是什么人呢?她要干什么呢?我始终带着这样一个疑问,远远地注意着她。不久,我见她又双手提着旅行袋走出教堂,四下张望了一会儿,径向人群稠密的货摊走去。

　　比萨盛产大理石,斜塔广场的周围,摆满了许多出卖大理石制品的货摊和商亭。那里,游人整天熙熙攘攘,选购纪念品。商贩们热情地招徕顾客,显得特别殷勤,唯独看见她走来,谁也不去招呼她,好像根本没有看见她一样。她本人似乎也丝毫没有注意到别人对她的冷淡,仍然东看看西看看,随着那些阔绰的旅游者悠闲地走来走去,只是我始终没有看见她买过任何一样东西。

　　看到这情景,我再也控制不住自己的好奇心。我问向导,她是不是外来的旅游者?向导耸耸肩膀回答说:"不,她是一个谁也不愿问津的活死人。"

　　接着他告诉我,这个女人就住在比萨,是一个孤寡无依的老太婆。很少人知道她的身世和生活情况,谁也不关心她是否有什么亲人,只看到她经常这样一身打扮,在天气好的时候,就到这里来游逛。时间一久,当地人早已习以为常了。

　　"她为什么要这样打扮呢?"

　　"还不是想让人们把她看作皇后! "

　　我问向导她是不是有精神病?向导说,也许有,但从没有见她哭闹过。她总是保持那么一种彬彬有礼的样子,没有发生过什么失态的行为。只是近来她不知为什么又手提旅行袋,挤在外国旅游者中间到处走,所以人们背地里都叫她"旅游皇后"。

　　说到这个戏谑性的绰号,向导眨眨眼睛,笑了。而这些,反倒引起我对这位老妇人的同情。这觉得在她这种失常的行动背后,似乎隐藏着某种精神上严重的创伤。一个无依无靠的孤寡老人,处在西方资本主义世界里,她的命运正像一团垃圾一样,不是被人遗弃就是任人践踏。生活上的熬煎,心灵上的抑郁和痛苦,不能不使她在心理上产生一种可怜的变态。为了怕被人鄙弃,她把自己打扮成过去的贵族;看到外国旅游者到处被人奉承,她又拿起了阳伞和旅行袋……但这种可悲的妄想,并不能改变她的命运,反而带来了更多的鄙弃和不幸。看到这一切,我仿佛看到一个被压在社会最底层的弱者,在生活的漩涡中拼命地挣扎,而她所企求的只不过是最起码的生活权利,和作为一个人的最起码的尊严。

　　中午,我们在广场附近一家饭馆里午餐,为了便于欣赏斜塔的风光,主人特意选了门外的座位。当我们在阳光下一面就餐一面闲谈时,她这个可怜的老妇人,又双手提着旅行袋,从广场相反的方向,正一步一步向我们走来。她老远就注视着餐馆的橱窗和堆满在我们餐桌上的食物,眼睛里闪着饥饿、贪婪的目光。我原想她一定也是来这里就餐的,没料到当她逐渐走近我们饭桌面前的时候,我看到她忽然扭过头去,摆出一种十分矜持的神态,像一个庄严的修道士一样,匆匆地从我们面前走过,连一眼也没有再看我们,径向斜塔走去……

很久,很久,我默默地望着她那红衣的背影,衬着白色的斜塔,由大到小渐去渐远……这时我忽然发现,这岂不是一幅寓意深刻的风俗画吗?画面上的一人一塔,恰恰形成多么鲜明的对照。斜塔是古代建筑上的畸形,而这个老妇人的形象,却是今天西方社会上屡见不鲜的一种畸形。这两者在畸形上虽是相同的,但在人们的心目中,对待这两种畸形的态度又是多么不同啊!人们可以从世界各地兴致勃勃地来观赏斜塔,关心它,爱护它,甚至为了怕它倒塌,不惜千方百计地对它进行挽救。可是有谁能够用这种心情,同样来对待这个可怜的变态的老妇人呢?有谁会关心她的"倒塌"而设法予以挽救呢?

这座闻名世界的斜塔,从它耸立那一天起,几个世纪过去了,在这座斜塔下,人世间历尽了沧桑。蒙昧黑暗的中世纪已经作为历史的陈迹远去了,曾被宗教法庭判为"异端邪说"的伽利略的发现,已成为举世公认的真理。可是,在这斜塔下出现的像这位老妇人那样的畸形人,连同漠视、奚落、讪笑她的畸形的社会心理,何时才能远去呢?

 与你共品
yu ni gong pin

这是一篇构思精巧的散文,起初给人的感受是作者会以游记的方法向读者介绍意大利的比萨斜塔,读后才知道作者的意图在于写人,写那位神秘的塔下老女人。揭露出了人们对一畸形塔充满关心和热情的后面,而对活生生的人却只是冷漠和鄙视,表达了作者对社会底层的弱者的深切同情。

四

故乡·远方

个性独悟
ge xing du wu

★第一至四段剔除我的游览经历、感受，完全可改写为一篇说明文。试用笔圈勾添补，自加题目改为一篇关于比萨斜塔的说明文。

★本篇重点是写畸零的红衣老女人。作者与她打了几次照面？每次描写的侧重点是什么？作者笔下的"她"是怎样的形象？

★试比较人们对畸形塔的态度与对畸零人的态度有何不同？

快乐阅读
kuai le yue du

乡间小路带我回家 / ···苏　童

青春无罪，这句话的侧面意义是青春无辜。我想每个人都有一个生机勃勃而杂乱无序的青春期，而人们在青春期喜欢迷恋上的事物往往也是不改容颜。它在你的心中永远保持着某种明丽如杏黄的色彩。

大约在十几年以前，一首名叫《乡间小路带我回家》的英文歌曲风靡大学校园。那些稍具有英文基础而又喜欢唱歌的校园青年不约而同地学会了这支歌，几乎所有的校园晚会上都会有个男孩怀抱吉他站在台上，或者老练或者拘谨地弹唱这支歌；而我作为一个极其忠实的听众，张大了嘴伸长了耳朵站在人群中。在乡村歌谣特有的清新忧伤的旋律中，我想象着一座高高的山，一条湍急的河流，一个在旅途上怀念家乡亲人的漂泊者。歌中的山是西弗吉尼亚的山(我错误地把它想成著名的落基山)，河流是一条叫香纳多的河，漂泊者不知为何人，我便自然地把他想象成自己，因此我被这支歌深深地感动了。我才不管它唱的是哪国的山哪国的河呢，每次唱到"乡间的小路带我回家"那一句时，我总是被唱得浑身一颤。

我至今不知这首歌为什么如此轻易地感动过一代青年，就是因为乡村歌曲的柔情与感伤的魅力吗？我对其答案一直不求甚解，我想被歌声所感动是每

对着一朵花微笑

个人的权利,而这份权利是无须用理性去层层探讨的。一个人因为被一支歌所感动,不管它是一支什么歌,那一定是一件单纯而又美好的事情。

时光机器当然是在不停地洗涤我们身上青春的痕迹,你年轻时喜欢的歌在劳碌或发福的中年期生活中会一去不返。有一次我偶尔翻出多年前熟听的约翰·丹佛的磁带,所谓的怀旧心情使我把磁带放进了收录机的卡座,但我听见的是一阵刺耳的失真的人声噪音,那盒磁带也被时光机器销毁了,一种怅然心情油然而生。我觉得自己的青春时代也像那支歌一样无法拾回了,乡间小路,它似乎不能带我回家了。

我没想到我后来是在真实的落基山上拾回了那支歌,更没想到在落基山上想起那支歌想起的仅仅是一种虚幻的遥远的旋律。落基山下没有那条香纳多河,落基山上的路是一条标准的盘山公路,山顶覆盖着积雪,山坡上到处可见赭红色的岩石和清澈的溪流,还有人工种植的杉树、松树林和受到保护的鹿和野兔,落基山的景色之美超出了我的想象,却不是我的想象。我对驾车陪我上山的友人说,歌中的落基山与事实不符。友人愕然,他不懂我在说什么,其实我知道自己词不达意,但有时候人是无法把心情表达得淋漓尽致的,尤其是这种心情与一首什么歌有关的时候。

我在落基山上也没有发现乡间小路,我知乡间小路已经不能带我回家,带我回家的肯定是汽车、火车或飞机。

与你共品
yu ni gong pin

作者先写自己的青春时代被一首英文歌曲打动,这是一种幸福。后来随着时光的流逝,成熟所带来的失落感,又总促使他们去寻找青春的足迹,所以留给自己一些旧日的心灵空间,乡间小路可以带每个人回家。

个性独悟
ge xing du wu

★作者说"每次唱到'乡间的小路带我回家'那一句时,我总是被唱得浑身一颤。"对此你如何理解?

★题目为什么取"乡间小路带我回家"?

快乐阅读
kuai le yue du

凝望红海滩 / ··· 王本道

　　早听说在双台河的入海口处，每当海潮退去之后，会出现一片奇异的景观——红海滩，只是很长一段时间，我并没有去理会。印象的底版中，它似乎只是近于夕阳之中的枫林或经霜之后的西山红叶吧。然而几年前，当我真的与红海滩晤面时才如梦方醒——湛蓝湛蓝的天幕之下，那片坦荡无垠的玫瑰红，红得那么娇艳，那么剔透，那么珠光闪烁。放眼望去，那红还无休止地向着天边和大海延伸着。这生命之血的红啊，红出一种燃烧之美、青春之美、生命之美。刹那间，说不清我的心是收缩了还是放开了，我仿佛变得很小很小，像是变成了海滩嫣红之中的一个点，又仿佛变得很大很大，大到张开双臂就可将茫茫的红海滩拥抱。

　　自从去了一次红海滩，冥冥之中似乎总有一种声音在耳畔滚动，它从遥远的天边注入我的灵魂深处——这是来自大自然的声息，是天籁之声，还是红海滩的呼唤？

　　我曾向海洋科研的专家咨询过红海滩的成因，那是在海滩上大面积生长的一种植物叫碱蓬草，经过含有大量盐分的海水日复一日地浸泡，才逐渐变红的。在其他一些含碱量较大的地方，也零星生长有这种植物，只是没有形成这样大的规模又没有海潮浸泡的机遇，才没有形成这样的景观。我也曾仔细地观察过这纤细的小草，它的根扎得并不很深，但须根极多，密密麻麻地紧紧抓住海滩的泥土，这样，大海无论是惊涛拍岸还是轻柔的摩挲，它都会紧贴在那里，待海潮退去后，继续从容娴静地显露着它的殷红。我还知道了这种植物既可食用，又可药用，20 世纪 60 年代国家经济困难时期，这碱蓬草不知拯救过多少人的性命呢！

从此，我不再流连那夕阳下的枫林，也疏淡了那西山的红叶，每有机会，便到海边，凝望那一望无际的玫瑰红。经人指点我还惊喜地发现，不仅仅在水陆边缘有这诱人的景观，乘船出海，在双台河口与渤海湾间的潮间带上，也有大面积的嫣红。在那望不到尽头的嫣红之中，常有一条条纤细的小河，泛着金鳞汩汩流淌，恰似少女俊美的两道蛾眉，更烘托出整个脸部俊美的轮廓。这一望无际的空旷之中没有花香，没有鸟语，只有点缀其间的簇簇芦苇在秋风之中诉说着它们苍凉的妩媚，就连不时掠空飞过的鸥鸟也是静静的，不出声响。极远处的海面，有三三两两的帆影缓缓驶过。与红海滩对峙的是海浪，它们喷着泡沫，绽放着朵朵银花。这一切，活脱脱是天神地母拣尽人间自然坦荡的情愫铺就而成，钟灵毓秀，风物绝顶。静静地站在它的面前，做作、矫揉、压力、限制和虚荣都会化为乌有，人变得更有生气与活力，人，更像一个人了。

感谢博大精深的大海。亿万斯年，大海创造了无数奇迹，就连人类也是从大海中走来的。大海是历史的化身，力量的象征，是美的创造者。面对碧沉沉的大海和横无际涯的红海滩，我陡生负疚之感。在烦躁的城市喧嚣和高楼林立的"人化自然"中，红海滩啊，你给人以千金难买的心灵抚慰！我们该怎样回报呢？

在熙熙利来、攘攘利往的世界里，也会有人对它无所用心，他们对宁静之美、自然之美不屑一顾是因为他们早已丧失了精神家园。他们另有所"醉"，诚如郭小川在诗中写到的那些"财主"和"衙役"们，追风逐潮、追名逐利的黑心人是永远也不会具有这份自然坦荡的心境的。

由此，我想起了晋代诗人陶渊明的诗："结庐在人境，而无车马喧。问君何能尔，心远地自偏。"是啊，在这个世界上，在人的一生中，会遇到许许多多的境界，而所有的境界都是需要人用心灵去默默地体验，才会得到的。

（选自《散文天地》，略有改动）

与你共品
yu ni gong pin

生活不是缺少美，而是缺少发现。用心灵去默默地感受和体验，美是如此的精彩和动人。红海滩有一种燃烧之美、青春之美、生命之美。不信，请放眼凝望……

故乡，远方

个性独悟
ge xing du wu

★看到那坦荡无垠的玫瑰红，自己仿佛变得很小很小，像是变成了海滩那嫣红之中的一点，为什么会产生这种感觉？

★对红海滩能产生美感，并从中领悟到人与自然的意义，最关键的是这个人的生活词典中被删去了两个词。请问是哪两个词？

★这篇文章在写作上的最大特色是什么？并举例说明。

★文章最后引用陶渊明的诗作结，有何作用？

快乐阅读
kuai le yue du

威尼斯之夜 / ··· [法]乔治·桑

威尼斯蓝天的妩媚和夜空的可爱是无法用语言来描绘的。在那明净的夜晚，湖面水平如镜，连星星的倒影也不会有丝毫颤动。泛舟湖心，四周一片蔚蓝、宁静，真是水天一色，使人如入甜美欲睡的绮丽梦境一般；空气是那么清新，洁净，抬头望去，这儿的星星似乎远比我们法兰西北部夜空中的星星要多。我发现，由于夜空到处布满星辰，那深蓝的夜色都变得暗淡了，融入了一片星辉。

如果你想领略一番这儿独有的清新和恬静，你可以在这迷人的夜晚去皇家花园附近，沿着大理石台阶往下，直到运河边上。要是那里镀金的栅栏已经关上，那你可以乘坐一种名叫冈多拉独特风格的威尼斯小艇，缓缓荡去，到那夕阳余温尚未散尽的石板小路旁，那里就不再会有人来打扰你的宁静。晚风从椴银树顶上轻轻吹过，把片片花瓣撒落到水面上，天竺葵和三叶草淡淡的芳香一阵阵向你袭来。圣玛利亚教堂那雪花石膏的圆顶和螺旋形的尖塔在夜空中高高地耸立着，周围的一切，包括作为威尼斯三绝的碧水、蓝天和色调明丽的大理石，都给抹上了一层薄薄的银辉。当圣马可大教堂顶楼上的钟声在空中徐

对着一朵花微笑

徐回荡时,就会有一种难以言传的平静感透入你的灵魂,使你觉得整个身心都已熔化在那足以忘掉一切的安谧和静止之中了。

与你共品
yu ni gong pin

　　威尼斯蓝天的妩媚、夜空宁静、水天一色,给人以清新、恬静的感受。它那蓝天、碧水和色调明丽的大理石会让你觉得整个身心都已融化其中。阅读此文,你是不是让作者把你带到了那异国的美丽地方?

个性独悟
ge xing du wu

　　★威尼斯之夜的特点是什么?作者通过多角度的描写,调动哪几种感官来让读者感受威尼斯之夜的特点的?
　　★威尼斯的三绝是什么?

快乐阅读
kuai le yue du

门　镜/···张　长

　　门镜,有叫"门眼",有叫"猫眼",即城镇单元楼住家安在门上,用以窥视门外来人的那个小玩意儿。
　　此物和电子门铃一样,是改革开放后才出现于市场的家庭必需品。说是"必需"是因眼下城镇人口多,治安欠佳,大人都上班了,家中只剩下老人小孩子，有不速之客叩门时，可先于门镜中窥视，以保安全；或有不受欢迎者来访，看清楚后亦可飨以闭门羹。

我看门镜的用处就这两条。

我不喜欢门镜。一个亮闪闪的东西安在一扇棕色或别的什么颜色的门上，就像一只白多黑少的小眼睛贼兮兮地盯住你，一开始就把你置于一种被窥视、被验证的尴尬处境。我知道门镜后面是主人的眼睛。他或她的目光被聚焦透过门镜会使人感到更加锐利逼人。自然，人们拜访别人时心地是坦然甚至是虔诚的。但只要一想到你在明处他在暗处，你正从头到脚被人审查（特别是第一次叩访），绝不是一种愉快的感受。任何人都不喜欢被人从一个小洞洞里窥视。特别你拜访的若是熟人，或者高官富贾，名流府第，明知他在家，可那门铃"叮咚"多次，动听的音乐磁带反复演奏多次，主人全不理睬，最后你还得在一曲怪声怪调的电子乐《献给艾丽思》或《地久天长》声中灰溜溜地离开，那份屈辱实在叫人窝火。有了门镜，你再也享受不到一开门"有朋自远方来"的那"不亦乐乎"的激情了。有如惊喜，一经窥视，门镜也会把它泄漏殆尽。我那在外地上大学的女儿似乎也懂得这一点，假期归来，按了门铃之后便淘气地用手掌遮住门镜，我便只看到一片粉红。开始以为眼花，待开门见她笑嘻嘻地立于门外，那蓦然的惊喜确乎是先于窥视之后再开门所得不到的。

再，于小孔内偷看别人，此举既不尊重客人，也不尊重自己，于"爷们儿"实在不是光明磊落的行为。

可我自己后来却安了门镜，这是很有讽刺意味的。

我的安门镜并非为家财万贯，防偷防盗；也不是因为门庭若市，不堪其扰；更不会为了傲慢地拒绝某些来访的客人。实在是因为受到了一次如孙犁在《小贩》里所写的情景而惊吓得不得不采取的措施。那是好几年前的事。我那时没安门镜。一日午间，所有笃笃叩门声如啄木鸟般，想是远方来客，快步趋前，门才打开，一壮汉突地冲我扬起一把寒光闪闪的菜刀，大吼一声："要菜刀吗。"

历此惊险，恐怕谁都会考虑要采取一些防范措施的，于是我安上了门镜，并且染上了于门铃"叮咚"之后鬼头鬼脑地在那小孔孔里瞄人的恶习。自然每次都多此一举。因为门外站着的多是亲朋好友，熟人同事。我开始怀疑这贼兮兮的玩意儿安在门上是否必要？实在是一个防君子不防小人的东西。试问若有歹徒登门，会彬彬有礼地先按门铃之门再来翻箱倒柜吗？我想不会。然而这次又书生气了。

正当我考虑要取下门镜时，有一天门铃再次叮咚作响，我又下意识地于门镜里窥视。这次站在门外的是一个陌生的年轻人。二十五六岁,结实的个头,穿一件暗红花格衬衣,戴一副眼镜,很斯文的样子。才看清了这不速之客的面容,我便否决起来:不是怀疑他的身份,而是怀疑自己有无决心改掉被商品异化了的人性和由此形成的于"门缝里看人"的坏毛病。我想,来客不是外地来组稿的编辑,便是远在珠海工作的大女儿的同事,思忖间,门铃又急促地叮咚乱响。这年轻人也忒性急。我不由自主地又看了一眼,这一看我愣住了:那年轻人正独自微笑呢,并且居然竖起了一个大拇指摆动着:

"OK!"他只差没叫出声来。

同时,只见他迅速地从随身携带的一个大挎包里拿出了一把小螺丝刀,一块有弹性的塑料板,很敏捷地,塑料板已从门缝里插了进来,开始拨锁。"小偷"。意识到这一点我怒不可遏,突地拉开门一声大喝:

"你干什么。"

正在放心大胆作案的小偷怎么也没料到于门铃响起之后主人还"埋伏"于门后,一下子震住了。忙不迭地说:"没事儿!没事儿。"抱头鼠窜而逃,留下作案工具和那个装赃物的大挎包。看来这是个有经验的小偷。那平光眼镜,那花衬衫,一副打扮作斯文状。我知道我要是应声开门,他便要胡诌什么找张三李四之类,敲错门,对不起。若迟迟不开门,他便"OK"。岂料这次碰上我蹑手蹑脚先于门镜中窥视,然后出其不意一声怒吼,反倒把他吓坏了。然而有识者认为恰恰说明这小偷还"嫩",要是有经验,受到惊吓,他手里的螺丝刀早给你肚皮上留下窟窿了。他说,坏人的自我保护意识是很强的,信哉斯言。

无疑,这是安了门镜的好处。

于是我决定还是留着,就这样直到今天。

事情过去很久了,但这件事老使我回忆起五六十年代在西双版纳工作的那些日子。那时我长年累月在乡下工作,不论是坝子里的傣寨或高山上的拉祜山林,从没见到谁家门上挂着锁。柴扉随手一掩,只防猪鸡入内而已。走进一个寨子,看那些竹楼的门或虚掩,或洞开,很少见主人出入,静静地,只有野花在路边摇曳。"花径不曾缘客扫,蓬门依旧为君开",刹那间会使人产生一种莫名的亲情,进得竹楼,主人不在,自己可以拉过小篾凳坐下,拨开火塘烧水沏茶,拿过火塘上的小笋筐卷手烟抽,幸许竹筒里还有酒,也可以倒一杯来喝,总之,真正的"宾至如归"。甚至无端地会以为自己就住这儿,抄起扁担为这个家挑一挑清泉水,要是主人还不回来,走时把门轻轻带上就行。便这样,从来没听说过谁家丢了东西。偶有不慎自己遗忘在路边田头的农具、衣服什么的,别人也不

故乡·远方

会捡走。我就曾把手表忘在井边，人来人往，第二天照样在那儿。"路不拾遗，夜不闭户"，这种古风犹存的社会我确曾在其间生活过，自己觉得那段时间也是灵魂最为纯净的时候。

我曾把这些经历和一位内地的朋友聊起，他认为这没有什么奇怪的。在"共同贫穷"的社会里，贫富悬殊极小，你有的那几件东西我也有。这就使私有观念、占有欲趋近于零，一旦物质丰富，人们学会了享受，再把贫富距离拉得很大，这时要没有偷盗，没有腐败，那才真正是新鲜事。所以，"社会治安综合治理"是必要的，门镜这小玩意儿也是必要的。这种情况下。你若"顾礼制，是犹开门而捐盗，未可以为仁也"（《三国志》）。只能说，那是一种书生气。

如此引申开去，会得出一个可怕的结论：物质生活越丰富，道德就越沦丧。是这样吗？我不同意。可卢梭在他的《论科学和艺术》这本书里又明确无误地宣告：当"我们看到随着科学技术的光芒在我们天边上浮起，德行也就消失了"。这真是悲哀。

我讨厌门镜，自己又不得不安门镜；我讨厌别人从一个小洞洞里窥视我，自己又不得不从这个小洞洞中窥视别人，这算哪门子的勾当？什么德行？

现在，每当我进入城市里那一幢幢单元楼，看到前后左右由门镜、保险锁、防盗门构成的一张张冷冰冰的门脸，我会不寒而栗，就会想起西双版纳那一扇扇向每个人敞开的柴扉，那些"采椽不刮，茅茨不剪"的心灵的居所，十多年了，不知是否也安上了门镜？

与你共品
yu ni gong pin

文章娓娓道来，读起来颇顺畅，一个个故事，一种种情愫，演绎了门镜的风波。社会在发展，环境在变化，人也在改变，虽然带着些许的无奈。

个性独悟
ge xing du wu

★文章很多地方，幽默至极，请举一例分析。

★为什么说在西双版纳的日子，觉得是灵魂最为纯净的时候？

★作者陷入了怎样的怪圈中？你看出作者从内心深处到底对安门镜一事持何态度？

★"心灵的居所，不知是否也安上了门镜"，你认为此时的心情是怎样的？

作文链接
zuo wen lian jie

走进扎染之乡——大理周城 / ···赵月芳

徜徉在扎染的世界里，我仿佛进入了一个迷幻的梦境。凤蝶成双成对地在花间上下翻飞，相互追逐。那轻盈的尾翼，如丝带般柔软、狭长、临风飘拂。它们那飘逸的神采、轻柔的舞姿与鲜花、草木、太阳、天空、世间万物合为一体，显得那么融洽，那么和谐。突然，这梦境般的世界在我眼前旋转上升，还原。我痴痴地看着眼前这块深蓝色的扎染布，全然不晓周围的一切……

很久以前，我就想拜访被誉为"大理白族扎染艺术之乡"的周城，去看看制作扎染的手工作坊。人说周城下至十余岁的孩子，上到年过花甲的老人，没有人不会这项手艺的，今日一见，果然名不虚传。

一脚踏进这极富民族特色的作坊，大大小小的染缸首先映入眼帘。带着强烈的好奇心向前迈步，这才看到十余块随风飘扬、正待晾干的扎染布。风中飘逸的是天然植物染料——板蓝根那股自然、纯朴的味道。

这是个典型的白族民居——"三坊一照壁"。一位年逾花甲的老奶奶，身着主色调呈红、蓝、黑三色的白族服装，坐在正对照壁的正房内，用画笔在大块的白布上勾勒着精美的图案。一个"小金花"坐在厢房里,把绘制好的图案缝扎起来。扎染布的"扎",表现的就是这道工序。另一侧的厢房外,两位白族阿嫂把扎好的布团放到染缸里,轻轻地搅和着,唱起白族民间小调,和一旁拆洗布团的阿伯你一句我一句地对起了歌。坐在正房里绘图的奶奶咧着嘴,用白族话直夸:"唱得好!""小金花"听了,乐得放下了手中的活儿,直拍小手,也跟着哼了两句。站在照壁前正晾晒湿布的爷爷,含着烟斗,眯着眼,倾着身,还随着歌声用脚打着拍子。好一幅祥和安宁的景象。在这安详的气氛中,一家三代分工完成绘、扎、染、拆、晾这五个制作扎染的基础步骤。

二楼的"走马转角楼"挂满了各色各样的扎染制品。在热情好客的白族老奶奶的带领下,我们有幸进去参观。

这里真是个展示民间艺术瑰宝的世界。靛蓝的扎染布上,蝴蝶上下翻飞;深紫色的另一块上,星辰映衬;绿色的那块,树木林立。虽然这只是些简单的抽象图案,但形态生动,独具匠心,引得游客遐想连连。临别的时候,我不住回头望着眼前这极具民族特色的扎染作坊,望着这情意融融的小院,流连忘返,忘返流连……

走进周城,是因为那儿有白族民居建筑群"三坊一照壁""四合五天井";是因为它有美丽古朴,畅销欧美、东南亚各国的民间扎染制品;还因为古戏台前,挺立着南北相对的两棵大青树,那俨然遮盖了整个天空的盘虬卧龙般的枝叶,一年四季都泛着浓浓的绿意,似乎渗透了空气、土壤和整个世界;还因为"家家门外石板路,户户门前溪水流"的周城中,有密如蛛网的石板路。沿着小巷流淌的汩汩泉水,妙似一只天然巧手,拨动根根细弦,奏出"嘈嘈切切错杂弹,大珠小珠落玉盘"般幽静而古朴的清音;还有人们款待宾客的拿手好菜——"酸辣鱼"那令人垂涎欲滴的独特味道;还有白族的传统习俗——绕三灵,掐新娘……

走过周城,走进这块"大理白族民俗的活化石",你就了解了白族。

【简 评】

作者先用扎染的美丽图案把你带进一个五彩斑斓的梦幻世界,调动了你强烈的好奇心,再把你引入了染布高高飘扬的扎染作坊,揭示出扎染制作的奥秘。让你感受到了那股浸透在扎染中的宁静祥和、其乐融融的温馨。当你又跟随作者来到街头小巷,又会被那独具民族特色的民居、沿街的绿树浓荫、汩汩泉水和令人垂涎欲滴的风味鱼所吸引。文章语言简洁、优美而情意绵绵,让读者饱览了一幅白族民俗风情画。

雨中游同里 / ··· 徐逸清

我早已看惯了高楼,逛腻了大街,早想出来看看同里的古镇风韵。只是没有闲暇之时。今日趁着这蒙蒙细雨,我终于能一睹同里的芳容。

乍到同里,给我印象最深的就是那一块块错落有致的铺地青石方砖,它们就像线装书中密密的文字,虽然单调,却记载着古镇的昨天和今天。

踏着那一块块青石方砖,我们去寻访清朝光绪年间,凤颍六泗兵备道任兰生的居所——退思园。正如陈从周教授说的,同里是一座古代建筑的博物馆,而退思园则是这个博物馆中的一颗璀璨的明珠。退思园是任兰生为"退思补过"而建,因此题名"退思园"。它有一大特点,那就是它的建造布局为横向构建,这也许是为了不露富的缘故吧,园分内外两部分。外宅有三进,为日常接待客人之用。内宅布置则极为精妙。东侧的畹芗楼气派非凡,楼内底层可避寒纳凉,楼南为佣人住所。整座楼虽有东西之分,但布局紧凑,可谓独具匠心、思之缜密了。园在宅右,中庭内园,别具一格。退思园以园为幽,园以水为静,亭台楼阁皆临水而建。"水芗榭"似出水芙蓉,"闹红一舸"像劈波斩浪的航船,"九曲回廊"小径通幽,"览胜阁"饱览满园春色……似乎每一位游人都被这美景所陶醉,没有人觉得雨下得越来越大。亭台轩榭被雨水冲洗一新,无论你是站在窗前还是立在雨中,展现在眼前的总是朦胧的幽景。屋檐上的滴水渐渐连成一串,直直地垂到地上,为满园的"湖光山色"增添了不少"情趣"。"水芗榭"在春雨的滋润下愈加舒展了,"闹红一舸"在雨雾中犹如碧水行云,"九曲回廊"似把雨帘一劈为二,更见幽深。在"览胜阁"的窗前享受飘飘然欲入云端之感,那真是非雨莫想。闭了眼,我仿佛看到"红娘"她们就在此拍手欢跃,偷看园中"读西厢"的一幕。

雨落在青石方砖上溅起层层水花，她把我们带出了那如梦似幻的退思园。

退思园的美景不是梦，那是千千万万劳动人民智慧的结晶。退思园是同里人的骄傲，也是中国人的骄傲，更是全世界人民共同的骄傲。

同里，在这座中国园林艺术的宝库中，埋下了我的一颗梦种儿。我要它将来开花、结果，为这本线装书添几块小小的青石方砖。到那时，我一定撑起"丁香"的油纸伞，约上"阿娇"，去看那"弯弯的月亮"……

【简 评】
jian ping

文章紧扣"雨中游同里"这一线索，有总有分，前后照应。作者抓住景物特征，描写细腻，悠悠的情感随小镇风情悠悠流淌。精妙的联想加之精美的语言，使文章充满了清新美好而又余味隽永的诗意。

你

让我心动

风 光 卷

多少年忽略，多少年错过

不经意间，来到这里，也停了下来

　　这条中国最长的河流，也是有情的。它经过屈原的故里、王昭君的家乡；两岸猿声中与李白轻舟相逢；白鹭横江里苏东坡赤壁成赋。它是温柔的，不像黄河的奔放狂野；它不肯横暴地任意改变河道，始终是那样安定、绵长的一条水域，孕育了南方大地的繁华，以及婉丽。

你让我心动让我心静 / ··· 敬一丹

一个奥地利人走出维也纳,走过夏威夷,走过华盛顿,千里万里走来,到这里,停了下来;

一个单腿独臂的中国东北汉子,骑自行车走遍大半个中国,到这里,停了下来;

一个湘江边的书生,边走边吟,边走边画,到这里,停了下来;

一个美院毕业生,走出喧闹的广州,到这里,停了下来;

一个历经坎坷,把自己的事业从长江边做到闽江边的女人,到这里,停了下来;

我自己呢,多少年忽略,多少年错过,不经意间,来到这里,也停了下来。

这里的名字叫丽江。

丽江,你靠了什么让人停下脚步?不同故乡、不同背景、不同经历的人们是受了什么吸引?是什么让人们这样凝视你,端详你,走近你?

是丽江的天吗?丽江的天经常是干干净净的那种蓝。即使是阴天,也是柔柔的;即使是雨天,也不会让人扫兴,细细绵绵的雨,反倒给丽江添了几分韵味。

是丽江的水吗?一个地方有了水,就像一个姑娘有了眼神,丽江处处有水,处处透着灵性。我总喜欢在那卖丽江粑粑的小店吃早点,就坐在门口河上的木板小桥上,望着脚下的流水出神。听说,丽江古城曾有约定俗成的规矩:清早,百姓从河渠取清水,喝茶煮饭;上午,在水边洗菜,淘米;中午晚上,才可以洗衣洗拖布;到了夜深人静的时候,丽江古城的水源黑龙潭就会提高水位,于是,遍布全城的大小河渠里的水就轻轻地漫出来,把石头街道冲洗得干干净净。天快亮了水退下去了,清新的古城迎接早起的主人。我想,如果这样的规矩还延续着,那么,到了夜里,我一定赤足站在石头小路上,等着那河水漫过脚面,漫过月光下的小城。有水的丽江,动人的眼神!

是丽江的山吗?丽江的玉龙雪山默默地俯视着我,我面对它的冰川,它的雪,却没有感觉到它的凛然,它不像青藏高原的山那样让人敬畏,它用山脚下的草,山腰的树向人们发出温和的暗示:我们可以彼此亲近。于是,我走近玉龙雪山,每次见到它,它都是不一样的,忽而一团云雾让雪山迷迷茫茫,忽而一阵疾风让雪山清清朗朗,忽而一道霞光让雪山闪闪烁烁。任由云缠着,风绕着,雪山不语,雪山不变。变幻着的,是那云,那风,还有那光,那雾,更有人的心情。

是丽江的城吗?那古城的味道只有身临其境才能品得出,只有身临其境才能品得透。有人问:丽江古城像绍兴吗?像周庄吗?也许,形,有一点点像;神,却一点点都不像。走在城里与人初次见面,往往不是问你贵姓?而是问:你是纳西族?白族?藏族?还是彝族?眼前,是东巴文象形文字;耳边,是纳西古乐;身旁走过的,是披挂着"披星戴月"服饰的纳西女人;过往的车上,飘着白色或黄色的哈达……这一切都透着神秘的气息,这种气息是绍兴、周庄们所没有的。独自一个人走在古城的小街上是一种享受,随便走走,随便聊聊,感觉好极了。一口浅浅的井,一棵斜斜的树,一扇古旧的门,一副斑驳的对联,都像是一张画,一首诗,一个很久很久以前的故事。

是丽江的人吗?丽江人不一定在热闹的四方街,当南腔北调的外地人,金发碧眼的外国人对着古城惊叹时,真正的丽江人也许正坐在自家宽敞的回廊下从容地喝茶。我见到的丽江人大多心平气和,善解人意,温文尔雅。听一个红河人感叹:到丽江来一个星期了,从没听到一句脏话,从没看到有人吵架。恰巧我们遇到两人在路上吵架,我说:这不是有吵架的吗?一位丽江朋友说:他们肯定不是我们丽江人。仔细一听,还真的是外地来的生意人。在丽江人看来,即使有什么可争吵的,也不能当街当众,何况没什么可争吵的。丽江人办的茶馆、咖啡屋能让急慌慌的客人静下心来,那天晚上,几个朋友相约在古城街口那间茶室喝茶。茶室里那位丽江"茶哥"端坐在古色古香的茶具面前为我们斟茶。他的眼睛深深的,头发长长的,衣服和茶是一样的颜色。我原以为,当着他的面,朋友间也许不好放开了聊天,我们也消受不了那烦琐的茶道。然而,他专心摆弄着茶具,动作优雅,似乎茶就是他眼前的一切,他的眼神超然空灵,安静得让人感觉不到他的存在。一道茶又一道茶,丽江的朋友轻声对他说:你也喝啊,他便礼貌地笑一下轻轻地啜一下。我心想,他的心怎么这样静呢?是丽江把他熏成这样的吧!就在这样的气氛里,丽江的朋友给我讲故事:有一天,一个远道而来的外国人来到丽江,见一位纳西老奶奶慢慢地走路,慢慢地做事,就忍不住说:您为什么那么慢呢?老人家慢慢地说,人,生来都是往一个方向走,那就是坟墓,急什么呢?在丽江,很少见到急躁张扬的人,即使是很有锋芒的宣科先生,也往往是用幽默的、调侃的方式表达他的见解,而当他每天晚上沉浸在他所倾心的纳西古乐中的时候,他依然是静的。

五

你让我心动

丽江，到底是什么让人在你面前停了下来？是丽江的天、丽江的水、丽江的山、丽江的城、丽江的人融在一起所产生的那种魅力。也许可以把它叫作文化，也许可以把它叫作"场"，进入这种文化这种"场"，就痴迷，就单纯，就快乐，就淡泊，就安宁，就沉思，就有灵感。很少有什么地方，像丽江这样，让我心动，又让我心静。

在丽江古城的一家小店，我买了一只木手镯，上面用东巴文写着"缘"。含意这样复杂的词是用一组图画一样的象形文字表达的，我能看懂的，是其中那一双眼睛。初识丽江以后，我就像与它结了缘，我的眼睛就追随着丽江。从夏到秋，我来了三次丽江，以至于丽江人问：你是没走呢？还是又来了？

我心里说，也许有一天，我来了，就不走了。

与你共品
yu ni gong pin

敬一丹，中央电视台《东方时空》栏目记者、主持人。这是一篇游览古城丽江的游记，文章开篇一组排比句式，使读者产生了疑问，急需了解靠的是什么让人驻足。写天、写水、写山，应该说无新鲜之处，但领句的句式使文章活了起来。写丽江人一段是文章的重点和精彩部分，心平气和，善解人意，温文尔雅是大多数丽江人的特点。丽江的天、水、山、城、人浑然一体，构成了丽江的文化魅力，也是丽江有别于其他名胜之处的所在。本文文笔清新、自然，一如丽江的水、山、城一样，特别是结尾极富生活气息。

个性独悟
ge xing du wu

★文章开篇一口气写出六个有代表性的人物"到这里，停了下来"，从表现形式和内容上这样写有什么好处？

★怎样理解"多少年忽略,多少年错过,不经意间,来到这里,也停下来"句中的"忽略、错过"和"不经意"？丽江的山,为什么使人"没有感觉到它的凛然"？为什么说"每次见到它,它都是不一样的"？

★怎样解释丽江的城"形"与绍兴、周庄有一点点像,"神"却一点点都不像,"形"指什么,"神"又指的是什么？

★用简洁的语言说一说本文的艺术特点。

快乐阅读
kuai le yue du

雨打珞珈山 / ···彭 俐

　　江南无冬。冬季的武昌竟然下起雨来。随着夜幕的降临,雨越下越大。她牵着我的手,像牵着一个会迷路的孩子,执意要带我到她的母校——"武大"去看看。沉沉的夜色和潇潇的风雨,都挡不住她像赶赴约会似的急匆匆的脚步。我不知"武大"的校园会是什么样子,但在她不嫌重复的描述里,有着樱园、桂园、枫园和梅园的珞珈山简直是天下无双。

　　雨夜的珞珈山真是美极了。在松柏、冬青和长绿乔木的掩映中,一座座教学楼和宿舍楼里的灯火,眨着神秘、好奇又顽皮的眼睛。不时有花坛、绿地和池塘,像是和你捉迷藏的玩伴,猛然间跳到你的眼前。多情最是身子又细又长的街灯,上下打量着一对不速之客,或许还能认出其中一个似曾相识吧。山道弯弯,树影幢幢,我们漫无目的地拾级而上,不是专程来拜访谁,也无意叩响任何一扇门窗。只是想望一望珞珈山的身影,只是想在它的怀抱里感受一下温情,感受只有珞珈山才能给予的温馨。

　　雨点打在梧桐树的枝干和叶片上，犹如生手弹奏的琵琶曲断断续续。湿漉漉的石子甬路开始摇晃，酒不醉人人自醉是因为珞珈山特有的氛围。从山坡的密林里走出，眼前蓦然呈现一片开阔地，气势逼人的运动场展示着珞珈山性格中的坦荡。可以想象，在夕阳西下或晨曦初露的时候，这里的大操场一定会像调色板一样，色彩艳丽而丰富。而在晴朗的夏夜，它也同样是盘腿打坐、挥扇纳凉、翘首数星星的好地方。

　　被学生们戏称为"巴士底狱"的建筑，在漆黑夜幕的衬托下，更显得巍峨、壮观，同时也确定有点儿"阴森、恐怖"。要知道，法国当年的巴士底狱所关押的，可有不少满腹经纶的学者和力主民主的志士，从这一点说，珞珈山上作为学生宿舍的"巴士底狱"，除了是一个玩笑式的称谓，还多少有些砥砺莘莘学子的味道在。事实上，古今中外概莫能外，监狱里常住的，要么是绝顶的恶棍，要么是绝对的好人。对于人类所不齿的恶棍来说，监狱是他们的耻辱柱；但对于人们心仪的贤哲而言，监狱则恰恰是他们的纪念碑。不朽的苏格拉底、布鲁诺、伽利略和伏尔泰，还有我们的同胞谭嗣同、秋瑾、孙中山和李大钊，都曾受过牢狱之苦，但他们的生命也因之成为我们心灵永久的祭奠。

　　让我们暂且把雄性的"巴士底狱"放在一边，珞珈山的阴柔妩媚尽在樱园。即便此时不是四月，也不见樱花，却能够想象得出，那山坡上一片云彩般的粉红，让人联想丽人盈腮的红晕，不由得你不心动。若是逢着今晚一般的好雨，那堪怜的花瓣，还不知会落下多少令人心尖尖疼的红泪。樱园虽有无尽美，然而，说实话，我本人更爱桂园，不仅是因为爱闻桂花香、爱抿桂花酒、爱在桂花树下赏月，最主要的原因是我身边的她，曾经是桂园的一枝花。我们一起站在她曾经住过的那栋宿舍楼的寝室前，任她边指点边尽着性子唠叨细故。四层楼上那间寝室灯光刷亮，不知今夜住在里面的几朵花是怎样模样。"人生几回伤往事，山形依旧枕寒流。"珞珈山上花开花谢，东湖岸边潮落潮升。

　　山无水则呆滞，水无山则平庸。苍翠珞珈山的灵气，多一半是温情脉脉的东湖所给予。大自然如是，人生又何尝不是如此。男人若没有女人娇嗔并用情感和心智的滋养，又怎么能摆脱他与生俱来的冥顽与愚妄？

　　珞珈山与东湖，一个伟岸，一个秀美，像一对牵手恋人似的，难舍难分。于是上天成全了他们的情爱，让他们生死相依，直至地老天荒。

　　雨，还在淅淅沥沥地下，脚下的泥土变得越来越湿滑，我们的游兴非但丝毫不减，确切地说，是兴味正浓。下一步，当然是去看看东湖。如果说珞珈山正在雨中流泪。那么,东湖也同样是泪眼模糊。星月皎洁时,东湖一定会一脸灿烂的,可惜我这次无缘一睹。雨雾之中,别想看到有人张帆摇橹,也别想走近如驼峰似牛脊浮出水面的浪淘石,听它在风里钟鼓齐鸣般的乐声。水面开阔达33平方公里、波浪汹涌连绵不绝的东湖,看上去更像是海。湖边一串串荧荧的灯火,把湖水的秀丽端庄映衬得恰到好处,既深沉含蓄又带几分活泼,既温柔妩媚又显出几分干练。东湖的美,需要你细细地看,细细地品,岂是一夜谋面就能大彻大悟它的深奥?东湖的这一点,正酷似珞珈山。

珞珈山的名字,一如它本身的性格,刚柔相济,剑胆琴心。

"珞珈"在《辞海》里的解释是:石头坚硬。《老子》一书中有"不欲录录如玉,珞珞如石"。而"珈"的意思是:贵族妇女的首饰。

那个难忘的冬天雨夜的珞珈山,给我的正是这种硬骨铮铮同时也情意绵绵的感觉。

与你共品

yu ni gong pin

　　雨夜的珞珈山给人的印象美极了,冬青和长绿乔木掩映下的教学楼灯火明灭,走出梧桐外那开阔的大操场,被莘莘学子戏称的"巴士底狱"宿舍,还有温情脉脉的东湖相伴,无一不体现珞珈山的美!

个性独悟

ge xing du wu

　　★为什么说"雨夜的珞珈山美极了"?

　　★本文的文题是"雨打珞珈山",但作者却花了许多笔墨写东湖,这是为什么?

快乐阅读
kuai le yue du

到玉溪 / ···陈世旭

我以为,在全国所有的省名中,最富有诗意的是云南。对云南的解释据说是"彩云之南"。其实仅仅"云南"两个字,便美得可以。云是有动感和节律的,南是阳面,是明亮。云和南组织在一起,本身就充满了流动的韵致和亮丽的色彩。

当然不仅仅是名字,云南的美是实质性的。在高原的澄澈的天空下,耀眼多姿的云彩飘浮的所有土地上,到处是迷人的风景。

从儿时起我就听说了苍山洱海的风花雪月;版纳的傣寨和石林的阿诗玛;高山丛林中的马帮和伊洛瓦底江的夕阳。这些年又听说了玉龙雪山和香格里拉。

却因为偶然的机缘,到了玉溪。

对于云南以外的世界,玉溪最响亮的是亚洲第一、世界第五的大烟草集团红塔集团和红塔集团的香烟。玉溪在我的想象中是一片烟囱林立的制造香烟的工厂群。

"烟雾"掩盖了玉溪山川的秀美。如果仅仅凭印象,就常常会有这样的事:一个人,一个地方,一种特点遮蔽了另一种特点。

这遮蔽一旦你亲身经历,便立刻改变。

玉溪对于我,就是这样。

在玉溪的日子,我其实更多的是被它的自然状态和人文底蕴所倾倒。

到玉溪,不可不去"小昆明"通海。通海绝胜处于秀山。在《大明一统志》里,秀山与昆明的金马山、碧鸡山、大理的点苍山并列为云南四大名山。山不在高,有仙则名。秀山遍披古树深云,寺庙楼台尽藏历代匾联,使一草一木皆得诗情,一字一句尽染芳馨。

到玉溪,不可不去滇中碧玉江川。作为中国青铜文化发源地,这里已被证实是人类发源地之一。其山川形胜中颇多神秘,尤奇者是鱼。星云、抚仙两湖的鱼,一旦游至两湖相交处,即各自折回,绝不混淆;李家山石井中有青鱼,生不见卵,死不见尸,食之者不得善终,屡试不爽。当地人称作"神鱼"。

到玉溪,不可不去澄江。徐霞客在他的《滇游日记二》中写道:"惟澄江府河山最胜。"哪里的"河山最胜"是个要以讨论的话题,但澄江帽天山发现的动物化石群却产生了关于距今 5.3 亿年前生命演变过程"大爆炸"理论,从而质疑了达尔文进化论的渐变说,在世界古生物研究界引起了巨大的轰动。

到玉溪,不是探幽,更不必历险。玉溪是一部打开的引人入胜的大书,其山水文章,必令你过目成诵。从玉溪回来,我写了两句话的条幅给东道主寄去,请他们转交对我们此行给予了支持的玉溪红塔集团,不知转到没有,也不知他们是否需要。不过,这两句话虽然头尾藏了"玉溪香烟"的俗套,但我其实写的是对玉溪的整个印象:

玉生馨香,

溪漫云烟。

与你共品
yu ni gong pin

云南美,玉溪更美,它的美不仅仅是名字的诗情画意,而是实质性的迷人的风景,玉溪秀美的山山水水并未像"我"想象中的被烟雾所掩盖,真是赶上了一个欣赏美景的好时机。

个性独悟
ge xing du wu

★为什么文章开头不直接写玉溪,而且浓笔渲染云南之美?

★"'烟雾'掩盖了玉溪山川的秀美。如果仅仅凭印象,就常常会有这样的事:一个人,一个地方,一种特点遮藏了另一种特点。"这句话的言外之意是说什么?

★文中着重写了秀山、滇中碧玉江川、澄江的山川形胜,其用意是什么?

漂流楠溪江 / ··· 魏雅华

　　应上海民主与法制杂志社之邀,我来到楠溪江,参加杂志社举办的笔会。

　　楠溪江位于温州市永嘉县境内,距温州市 23 公里,与北雁荡山毗邻。

　　一天,我们来到一片河滩,只见一地的白花花的鹅卵石,一江翠翠的清水蜿蜒流过。当地人说,这就是楠溪江了。

　　江边上不过一二只竹筏,在河滩上懒懒地晒太阳,一群不知名的白色的水鸟在河上飞掠,三五个村姑在河边浣纱,那风光便十分地让人喜欢。

　　不一会工夫,便来了一二十只竹筏,窄窄的河面上顿时热闹起来,一江都是筏子了。我们 4 个人一组,乘一只竹筏。竹筏长 20 米左右,船头高高地翘起来;竹筏上有两排竹椅,半躺半坐,好不惬意。

　　坐到竹筏上,撑筏的人对我们说,把鞋袜脱了,水会漫上竹筏的。于是,我们男男女女都脱了鞋袜,把裤子卷得好高,虽说已是 11 月了,天气还是很热,我把脚伸到水里,好凉快,好舒服!再看看江里的水,真的清澈见底,河底的鹅卵石粒粒可数,我想,若是拿个瓶子一装,就是楠溪江牌的矿泉水了。只是没有见鱼,听人家说过,水清不养鱼,这江里会有鱼吗?我问艄公,艄公笑,有鱼没鱼,你一会儿就知道了。

　　竹篙一点,竹筏便顺流而下了。江面并不宽阔,准确地说,楠溪江叫溪比叫江更贴切,它狭窄处不过二三十米,形阔处也超不过百米,水浅处不过一脚深,那水里便是蓝的,那是天的颜色,即水天一色。水深处,听艄公说,若是看不到河底的石头了,那水少说也有一百多米深,吓人一跳,我原想下去蹚水,也不敢了。

　　筏子顺流而下,沿江的景色美得让人痴迷。一路上再也看不见什么高楼大厦、拥挤的街道、摩肩接踵的人群,只有两岸郁郁葱葱的树林,偶尔可见星星点点被青竹遮掩的农舍,那青瓦白墙的农舍让人有了许多联想。

　　江上时不时地飘来一团雾,竟如浣女手中的细纱。正看着,江滩上涌来一群白鸭,呼啦啦地从岸上冲入水中,激起一河涟漪。我们都不禁欢呼起来,"白毛浮绿水,红掌拨清波",有水岂能无鸭?

正欢喜呢,艄公手中的竹竿一指说:你看那是什么?

我们顺他手中的竹竿看过去,只见远远的江面上有几只竹筏,竹筏上停立着十来只鱼鹰。我一下子反应过来,这便得艄公所说的:有鱼没鱼,你一会儿就知道了。他说,楠溪江的鱼,天下闻名呢。这水没有污染,如此好的水,能没有好鱼?

正听得入神,艄公却说:坐好了,水急!

这一处果真水流湍急,竹筏如飞,河面落差很大,河水冲上筏来,我们一齐欢叫,坐在我身边的一位女记者,却吓得花容失色,我于是上演了一回英雄救美的传奇故事。可就是此时,还发生了一出更加精彩的喜剧小品,冲上筏的水竟带上来一条1公斤多重的大鱼,可自顾不暇的我们除了一齐大声尖叫,只能眼看着它逃掉,别无他法。

沿江而下,不知不觉已是红霞满天,暮色如血,弃筏登陆,天色将晚。在河上漂了6个小时,40多公里,太短太短。

如若有空,我一定要再漂这秀色可餐的楠溪江。在那江边的农舍里住上三五天,那一定是我一生最美的日子。

与你共品
yu ni gong pin

　　楠溪江位于温州市永嘉县境内,与北雁荡山毗邻。这里有水天一色的恬淡风光,招人喜爱的白鸭、游鱼,在这里还能体验飞流直下的冲浪情趣。阅读此文,让你同作者一起来漂流吧。

个性独悟
ge xing du wu

　　★作者说楠溪江的"景色美得让人痴迷",楠溪江到底美在哪里,请对下面摘录的景色进行评点。

A."一江翠翠的清水蜿蜒流过","再看看江里的水，真的清澈见底，河底的鹅卵石粒粒可数","那水里便是蓝的，那是天的颜色"。

B."只有两岸都都葱葱的树林，偶尔可见星星点点被青竹遮掩的农舍，那青瓦白墙的农舍让人有了许多联想。"

C."江上时不时飘来一团雾，竟如浣女手中的细纱。正看着，江滩上涌来一群白鸭，呼啦啦地从岸上冲入水中，激起一河涟漪。"

D."这一处果真水流湍急，竹筏如飞，河面落差很大，河水冲上筏来……竟带上来一条1公斤多重的大鱼。"

★写楠溪江的鱼，作者表达得比较曲折且有戏剧性，而且都是由艄公将其串联起来，请摘出有关的句子并说明这样表达的好处。

★根据本文提供的材料，请为楠溪江漂流写一则招揽游客的广告词。要求：点明地理位置、游程和时间、沿途景点特色，字数120左右。

作文链接
zuo wen lian jie

采莲赋 / ··· 鲁王晋

杭州的夏季是最美的季节，"接天莲叶无穷碧，映日荷花别样红"，观故、采莲、戏鱼、品特色水乡宴，鱼肥肉香，口福眼福尽事于此，令人陶醉。

荷花是我国栽培历史悠久的一种水生花卉，有"莲""出水芙蓉"等众多美称，是中国十大名花之一。她高洁清雅，宋人龚明之将她称为"净客"，真是名副其实。炎炎夏日，水乡处处荷塘，一湾碧波一池荷，清风拂来十里香。

民间的赏荷别有一番情趣。听说民俗农历六月二十四日是荷花娘娘的生日，定为"观莲节"，也称为"荷节"。节日那天，人们倾城而出，男女老少相拥去赏荷。只见画船雕舫，箫奏鼓鸣，翠盖掩红衣。"苏州好，廿四赏荷花，黄石彩桥停画舫，水晶冰窖劈西瓜，痛饮对流霞。"沈朝初的一阕《忆江南》使人常思不已。虽然苏州不是杭州,但也同属于江南,对莲是一样的钟情。

与赏荷一样,采莲也别有情趣,也是杭州的一"俗"。采莲女子多为十五六岁的女孩,长得清纯可爱,服饰更有水乡特色:上衣为短袖衬衣,衣上绣有荷花;腰围齐膝短裙,裙上绣有花纹,有的是几何图案,有的绣满花卉。采莲时,女孩们赤脚坐在圆形的木盆内,盆内搁有小板凳。她们双手划桨,在荷塘内划出一圈圈涟漪,选取成熟的莲蓬,左手轻抓莲梗,右手用莲剪轻轻一剪,一枝带柄的翡翠色的莲蓬就持在她们手中了,此情此景宛如画中。采莲时,她们还经常唱起抒情的采莲歌,时而独吟,时而对唱,笑语欢歌,弥漫荡漾。风情别致的采莲歌以它轻盈温柔的韵律、借字寓意的含意、委婉多情的情趣在民间广为传唱。有采莲歌,就少不了采莲舞。孩子们手持莲蓬即兴自编的采莲舞,童趣盎然。大人们编的采莲舞,可就复杂得多了,有的衣服颜色以绿为主,莲叶田田;有的以粉为底,荷花朵朵。头饰、上衣、裙子,都形似荷花。独舞、群舞、轻歌曼舞,无一不洋溢着朴实无华的水乡韵味。

莲藕收获季节,莲农挑担上街叫卖,演绎了杭州浓浓的食荷习俗。从莲蓬中剥食莲子,是当地孩子的乐事,莲子吃完后,把那带梗的莲蓬壳带回家,还能让父母做成小巧玲珑的玩具……

> 采莲南塘秋,
> 莲花过人头。
> 低头弄莲子,
> 莲子清如水。
> …………

【简 评】

作者以细腻笔触,谱写了一首"采莲歌"。

杭州八月,是莲的风,是荷的水;八月杭州,是美的天地,是情趣的世界。田田碧玉,向你荡漾一圈圈风俗人情的涟漪;朵朵流霞,为你飘飞一首首唐诗宋词的旋律。这是一幅需慢慢观赏的画,这是一朵需细细品味的莲。

五

你让我心动

荡舟南湖 / ···沈映真

南湖，一个令人着迷的湖，一个秀丽如画的湖。它比起东湖，少了一份雕琢，多了一份自然美；比起西湖，又少了一份妩媚，多了一份浓浓的水乡情。

荡舟南湖，的确是一种赛过天仙般的享受。它虽然没有冲浪的刺激、漂流的速度，但却那么让人陶醉。

宁静的夜晚，坐在木船的船尾，隐约能听到橹发出的"吱哟——吱哟——"的懒洋洋的声音，伴随着摇橹人粗犷热情的歌喉，一支别样的合奏曲，多么悠闲，多么自在。

两岸仍旧灯火通明，一盏盏荷花灯透过薄薄的灯笼纸，射出柔和的光线。在灯光的照耀下，一江河水闪烁着点点金光。柳枝似乎也不甘寂寞，摇曳着那一头长发。河面上，不时出现一座座石拱桥，桥上有嬉戏的孩童，有漫步的老人，还有人牵着心爱的宠物狗拾级而上，一同来观赏南湖的夜景。他们的身影与桥那庞大的身躯共同倒映在微波荡漾的水中，构成了一道美丽的风景线。

眺望远处，碧波之上，薄雾之中，烟雨楼的美姿展现在眼前，高台楼阁，依附着苍绿的小山坡，灵巧又不失庄重。据说乾隆皇帝六下江南，曾八驻南湖，对迷离的湖光山色赞叹不已，并赋诗十余首。回京后，他仍然对南湖和烟雨楼久久不能忘怀，就在河北承德仿建了一座"烟雨楼"。南湖是一位姑娘，又是一位老人，她见证了嘉兴几百年来的悠久历史，也亲眼看见了中国共产党在红船上的诞生。古老的嘉兴，河岸两旁粉砖黛瓦的房屋，与垂柳、青草相互辉映，无不透着一股鱼米之乡的气息；那南湖之水涓涓流淌，在闪烁不定的灯光烘托之下，波光孤湖依然清晰可见，似乎在赞扬这湖边辛勤劳动的人们；它载着游人的一叶叶木舟，让正随舟回程的游访者们禁不住一次次地回首瞻望，湖水、小岛、南湖转瞬之间渐渐化作一个整体，却始终挥之不去。

今天的嘉兴，一幢幢高楼大厦在南湖身边拔地而起，人们也过上了现代化的生活。只有那柳树依然垂青，草坪依然嫩绿，南湖水也流得更欢快了，那股勇往直前的劲儿，仿佛在歌颂嘉兴的快速成长与发展。

对
着
一
朵
花
微
笑

【简 评】
jian ping

作者通过动态的描述,将嘉兴南湖的今昔摘要地展现在读者面前。语言质朴,却充满深情,令人感到南湖的不同凡响。本文的特点是动感十足,将静幽的南湖写得有声有色,作者的选材角度合适,使这篇游记很有特色,读者可以借鉴。

小巷人家 / ···林 博

少城深处的一条小巷。

安适,静谧。

几株浓密的银杏,遮着一排平房。房子挺矮,挺旧。树挺高,叶子挺绿。

一

巷子不宽,朝南的一方挤着十来户老成都。日子说不上富裕,但过得还算悠哉。

白天,大人们上班,小孩子上学,巷子里就变得寂静。

天刚一擦黑,树梢里冒出几缕白烟,小巷顿时热闹起来。各家的饭桌摆到了街沿,一双筷子往往在几张桌子上游荡。那都是些粗茶淡饭,和着你家长我家短,倒也吃得有滋有味。茶足饭饱,月上枝头,话匣子立刻打开了。在工厂上班的开始把一天的见闻添油加醋、肆意传播;坐机关的带回一叠报纸,一群人聚在一块儿,跷着二郎腿,晃着脚趾尖,唾沫飞溅,谈天说地。就是那不识字的老头儿,也自有一批幼小的听众,认真地托着下巴,看他躺在摇椅上,摇着蒲扇,讲老成都的故事。他说呀,这巷子,本是清朝时候少城八旗军的驻地,就咱巷子里这群老住家,没准儿还真连着皇族血脉。看他那得意劲儿,还真是把自个儿认成皇城脚下的人了。

二

瓦房很矮,而银杏树却爬得很高。夏天过去了,银杏的叶子落了一地。从这天的漫谈中,人们都知道了水泥厂的倒闭。说是国家取消了供销制度,让企业自谋生路,厂里多少年的老路子走惯了,没法适应,只能被迫关门。这是件大事,人们难免要议论一番,有叫好的,也有骂娘的。过了不久,巷子里还真有两个下岗了。活了快半辈子了,遭遇这样的打击,心里毕竟不是滋味儿。街坊邻居都是老相识,不免要劝上一番。听得多了,心里倒也舒坦了,两个人凑了些钱,一个跑起个体户,一个承包了刚兴起的出租车。

于是,巷子里就多了个拉货的面包车和一辆红色的小夏利。

银杏树的叶子落光了,阳光射过来,抬头就能看见蓝天。

三

年复一年,银杏叶长出又落下,接着又长出来。

讲故事的老头儿去世了,邻居们帮着料理丧事,人们都说:"死在这小巷里,老头子该瞑目了。"

当年听老头儿讲故事的娃儿们也长大了,有两个上了大学,到外省去工作了。小巷里少了些孩子们的笑声,显得更静了。

坐机关的当上了领导,把一家老小都接了出去,再没回来。两个个体户还在忙活着,只是小面包变成了一吨卡,夏利换成了红捷达。

一切似乎还是原样,银杏还是那么高,瓦房还是那么矮。

四

老少城的旧房子拆得差不多了,一幢幢崭新的高楼耸立在小巷的周围。这天,银杏树下来了个胖胖的中年人,穿着黑西装,手里拿一叠材料,来找小巷的居民们。

他说他是房地产公司的,很看好小巷的口岸,想在这里建一座商业广场。几次谈下来,中年人开出了优厚的条件,让小巷的居民们搬走。

平静的小巷不平静了。银杏树下,人们议论纷纷。有几户嫌巷子深,房子老,一心要搬走。出大学生的两家坚决反对。他们说:孩子讲了,这巷子是文物,不能拆。终于还是妥协了。巷里的十来户都和中年人签了约,又在上头盖了自家的红印。中年人笑着走了,各户也忙活起来收拾东西,准备搬家。

小巷似乎一下子热闹起来,只是再也没人在街沿上喝茶聊天了。银杏的树叶在风中沙沙作响,不时飘落几片,像是在流泪。

五

银杏树下,胖胖的中年人再也没来,居民们手中的协议也就一天天等成了废纸。但还是有几户搬走了。小巷里走的走,散的散,人更少了。

其间,人们看到了回家探亲的两个大学生,看他们在巷里巷外进进出出,还不时跟着些穿工作服的人,扛着些莫名其妙的东西,在小巷里又测又量。

过了不久,一个施工队开进了小巷,把几幢平房里里外外修整了一番,巷子拓宽了,中间又辟了座古香古色的院落。消息灵通的人都说:小巷这回要出名了。

几个月后,银杏树下响起了鞭炮声,狭窄的小巷里里外外挤满了人,巷子里的人们只在电视上见过这场面,一个个挤着想在镜头前露上一脸。

装点一新的院落前,高挑的迎宾小姐们手拿托盘,几个西装革履的人拎起剪刀,为新开幕的展览剪彩。一个领导模样的人拿着话筒动情地说:"今天我们要感谢两个从小巷里走出去的年轻人,他们没有忘记生他们养他们的地方,正是由于他们的努力,才为老成都保留了这份珍贵的文化遗产……"人们的掌声响成一片。

六

小巷依然很静,银杏树还是那么高。

平日,小巷多了些车来人往的喧嚣;博物馆里,不时还有大鼻子黄头发的老外进进出出。

走出去的娃儿们如今已经回来工作。他们说,现在的成都潜力很大,回来发展会更好。坐机关的领导据说因为贪污被抓了。人们都说,要是他一直住在小巷里头,保准出不了事。

个体户早成了大老板。一个搞起土特产加工,说要把生意做到国外;另一个开了家出租车公司,起名儿就叫作"银杏"。两个在外头都买了豪宅,但逢年过节,还不时回来住住。

除此以外,小巷的生活一切照旧。

月色下,瓦房还是那么矮,老银杏树还是那么高,浓密的树叶迎着风,在月光下沙沙作响。

【简 评】

作者用大家风范的文笔,紧紧扣住一个"变"字,多角度多层面给我们展示了一幅真实的都市生活画卷。读罢此文,令人感受到了成都这座文化古城的历史沧桑,更为有幸生活在这一迅猛发展的时代而欣慰和自豪,文章深刻,值得品味。

水·城市·人 / ··· 陈珉颉

山,如果没有水的依傍,便欠缺了几分灵气与秀丽;城市,如果没有水的滋润,便逊色了几分生机与活力。泰晤士河缓缓流过多雾的伦敦,塞纳河畔的巴黎风情引来了八方的游人,如网般的河道编织出威尼斯——一个朝夕与水相伴的城市。大凡与水结缘的城市都能吸引人们的目光,上海也是其中之一。

几声悠长的汽笛唤醒了黎明时分的宁静,在黄浦江上扩散开来,泛起了粼粼的波纹。一个属于上海的早晨开始了。一轮旭日从地平线上耸出身子,似乎刚在江水中洗过一般,显得那样的鲜活,一不小心将几缕朝霞在江面上荡开,渲染出金灿灿的红。江边码头上出现了人们来回走动的身影,一艘艘货轮从这里开始了新一天的航程,紧张忙碌,却有条不紊,这也是上海人的生活节奏。马路上,车轮追赶着日轮,也追逐着时间之轮;街上,步履匆匆的人们手中还拿着微热的早饭;地铁在地表深处穿梭轰鸣;别以为老人这时正闲着,外滩陈毅广场上,浦东滨江大道边,银发老人身着鲜艳的健身服,舞扇推拳,红润的脸上荡漾着孩童般的笑容。晨练中还有不少老外同样活跃在浦江两岸,感受着上海早晨那勃勃的生气。车铃声,铁轨的撞击声,人们的欢笑声,与黄浦江畔的汽笛声遥相呼应,合奏出一支美妙的晨曲。晨光辉映的黄浦江水,恰似上海人的灵气与智慧。映照在江水中,显示着上海与世界发展一起跳动的强健脉搏。

天空中的朵朵浮云,如同遍布在蓝天巨大棋盘上的小格子,照应着地面上被街道里弄分成棋盘格子般沐浴在正午阳光下的建筑。此时你若是在东方明珠塔上眺望远处,在浦江纵深的地方还能发现几簇旧时的石库门老宅。它们在旧时多为显赫一时的贵族,即便在今日,眉宇间依然气宇非凡,老上海的点滴是它们渗入肌骨的记忆,海派文化中有它们写出的一页。但如今"石库门"的故事毕竟成为了历史。收回视线,环顾阳光照耀下的浦江两岸:东方明珠电视塔、金茂大厦、国际会议中心⋯⋯风格迥异的建筑直插天宇,玻璃幕墙折射出耀眼的光辉。如果说浦西外滩的万国建筑是老上海的历史资料库,那么浦东的高楼大厦就是现代建筑的展示馆。那有着法兰西浪漫的南京路步行街和飘洒着万般风情的世纪大道,更是黄浦江文化的拓展与延伸。天空的太阳似乎也为两岸风光所陶醉,抖下光芒,使得微波起伏的江面上金光闪烁。成群的海鸥追逐着白浪,飞翔到天水相连的地方。那里,范仲淹笔下"沙鸥翔集,锦鳞游泳,岸芷汀兰,郁郁青青"的景致,正踏着碧波款款而来。

夕阳沉入暮色愈发浓重的江面,黄昏的发梢在天际飘动。渐渐地一盏盏灯次第亮了起来,江水拍岸如人们的私语,微风送来的水的气息,为这夜又平添几多抒情几多浪漫。浦江两侧的楼宇被灯光打造得金碧辉煌:淡黄色灯光笼罩下的海关钟楼演绎着一个逝去的旧梦,供人凝视回忆;高楼顶上五光十色的霓虹灯广告,展示着这座城市开放的胸怀;东方明珠似繁星点点的天幕中最亮的一颗星;陈毅广场上的喷泉在音乐的相伴下起舞;高架路上飞驰的汽车尾灯留下了无数个五色光环;国际会议中心恰似展翅的海鸥,欢迎八方的来客;和平饭店、香格里拉酒店里回荡着优雅的音乐。浦江两岸的灯火像一条璀璨的珠链,镶嵌在黄浦江这条缤纷的彩带上,成为夜上海最迷人的一道风景线。我不禁感叹,就连无色的风穿梭过这夜幕下的城市都将会染上一层色彩。

黄浦江水是属于过去也是属于现代的,是忙碌的也是宁静的,水的性格是城市的性格,也是人的性格,上海人的依托是大海、世界、未来,而那条曾经哺育过上海儿女的黄浦江将承载着他们去实现新世界的梦。汽笛响了,上海的儿女望了望身后的海关钟楼,又从黄浦江畔起航了。

【简　评】
jian　ping

　　本文以细腻的文笔、鲜活的抒写、饱满的激情、热情地讴歌为鲜明的特色。作者以时间为序,围绕浦江两岸一天中的景致变化进行描绘。揭示出了上海这座大都市因为有了喧腾的浦江滋润才造就了上海人特有的勤劳、开拓、创新的性格特点。也形成了这座城市的繁华,富有生机和朝气的风格,预示着上海未来的美好。让读者看到了一个日新月异、欣欣向荣、高速发展的上海。